0〜5歳児 園で人気のあそび 100 +38

- じまんのあそび
- 子どもにウケた!!
- オススメ
- 園秘伝の
- てっぱん
- イチオシ
- 新定番
- すべらない

雨の日もOK! 室内あそび / 戸外あそび / わらべうたあそび / etc.

イラカルメ +38

この本は、園の先生のアンケートから生まれました！

はじめに

「今、園で子どもたちが楽しんでいる遊びはなんですか？」
園の先生に教えてもらった、
今まさに子どもたちにウケている100の遊び、
プラス、アラカルトとして38の遊びをお届けします。
楽しい中にも、子どもの育ちが考えられたものばかり。
現代の新定番の遊びが詰まっています。

JN316146

もくじ

園で人気のあそび100

★対象年齢でさがす
メインの対象（濃い色）
5 4 3 2 1 0
アレンジするとOK（薄い色）

はじめに …………… 1
本書の特長・見方 …………… 4

第1章 室内あそび …………… 5

体を動かすあそび

対象年齢（歳児）

1 イス＆おひざ座り …………… 6　5 4 3 2 1 0
2 ダックダックグース …………… 7　5 4 3 2 1 0
3 運んで運んで …………… 8　5 4 3 2 1 0
4 ダイコン抜き …………… 9　5 4 3 2 1 0
5 シャキーンゲーム …………… 10　5 4 3 2 1 0
6 ジャンケン迷路 …………… 11　5 4 3 2 1 0
7 無人島ゲーム …………… 12　5 4 3 2 1 0
8 ぐるぐる逃げろ〜 …………… 13　5 4 3 2 1 0
9 手押し車競争 …………… 14　5 4 3 2 1 0
10 おいしいリンゴを、はいどうぞ …………… 15　5 4 3 2 1 0
11 野菜ゴロゴロ …………… 16　5 4 3 2 1 0
12 体ジャンケンゲーム …………… 17　5 4 3 2 1 0
13 ケンパ …………… 18　5 4 3 2 1 0
14 クモ鬼ごっこ …………… 19　5 4 3 2 1 0
15 靴下ボール …………… 20　5 4 3 2 1 0

ちょこっとゲーム

16 新聞紙おっこちないぞ！！ …………… 21　5 4 3 2 1 0
17 宝探し …………… 22　5 4 3 2 1 0
18 キャベツ …………… 23　5 4 3 2 1 0
19 どこが違うかな？ …………… 24　5 4 3 2 1 0
20 ダンシングストップゲーム …………… 25　5 4 3 2 1 0
21 ホニャララ回しゲーム …………… 26　5 4 3 2 1 0
22 迷探偵ゲーム …………… 27　5 4 3 2 1 0
23 グループ対抗！ゲーム大会 …………… 28　5 4 3 2 1 0

コーナーあそび

24 ジャンケン陣取り …………… 29　5 4 3 2 1 0
25 オリジナルすごろく …………… 　5 4 3 2 1 0
26 織物あそび …………… 30　5 4 3 2 1 0
27 ビー玉転がし …………… 31　5 4 3 2 1 0
28 ぬり絵パズル …………… 　5 4 3 2 1 0

0・1・2歳児のあそび

対象年齢（歳児）

29 フープにはいれ〜！ …………… 32　5 4 3 2 1 0
30 畑のおイモ …………… 33　5 4 3 2 1 0
31 的あて …………… 　5 4 3 2 1 0
32 なんだ山！こんな山！ …………… 34　5 4 3 2 1 0
33 かみなりドカーン！ …………… 35　5 4 3 2 1 0
34 タオルで遊ぼう …………… 　5 4 3 2 1 0
35 のり巻き、のり巻き！ …………… 36　5 4 3 2 1 0
36 さあ、おうちに入りましょう …………… 　5 4 3 2 1 0
37 テープはがし …………… 37　5 4 3 2 1 0
38 ドレミファカルタ …………… 　5 4 3 2 1 0
39 通りゃんせ通りゃんせ …………… 38　5 4 3 2 1 0
40 へんしんハンカチ …………… 　5 4 3 2 1 0

第2章 戸外あそび …………… 39

鬼ごっこ

41 ハンターごっこ …………… 40　5 4 3 2 1 0
42 バナナ鬼 …………… 41　5 4 3 2 1 0
43 くつ鬼 …………… 42　5 4 3 2 1 0
44 サルカニ合戦 …………… 43　5 4 3 2 1 0
45 がっちゃん …………… 44　5 4 3 2 1 0
46 あらしあらし大嵐 …………… 45　5 4 3 2 1 0
47 場所取りゲーム …………… 　5 4 3 2 1 0
48 天使ごっこ …………… 46　5 4 3 2 1 0
49 時計鬼 …………… 47　5 4 3 2 1 0
50 ドキドキサイクル …………… 48　5 4 3 2 1 0
51 破き鬼 …………… 　5 4 3 2 1 0
52 3匹のこぶた …………… 49　5 4 3 2 1 0
53 ネコとネズミ …………… 　5 4 3 2 1 0

ゲーム

54 大判オセロ …………… 50　5 4 3 2 1 0
55 ちびっこラグビー …………… 51　5 4 3 2 1 0

#	タイトル	ページ	対象年齢(歳児)
56	風船リレー	52	5 4 3 2 1 0
57	開戦ドン！	53	5 4 3 2 1 0
58	渡り鳥	54	5 4 3 2 1 0
59	エンドレスしっぽ取り	55	5 4 3 2 1 0
60	てんてんてまりリレー	56	5 4 3 2 1 0
61	グループ対抗 ジャンケンゲーム		5 4 3 2 1 0
62	葉っぱ取りジャンケン	57	5 4 3 2 1 0
63	信号ゲーム	58	5 4 3 2 1 0
64	色探しゲーム		5 4 3 2 1 0

少人数でもOK

#	タイトル	ページ	対象年齢
65	縄跳びサーキット	59	5 4 3 2 1 0
66	フープで遊ぼう	60	5 4 3 2 1 0
67	縄跳びチャレンジ表	61	5 4 3 2 1 0
68	ジャンプ『おはぎのよめいり』	62	5 4 3 2 1 0
69	色出し遊び	63	5 4 3 2 1 0
70	ゴム跳び「ひーらいて」	64	5 4 3 2 1 0
71	広告紙プロペラ	65	5 4 3 2 1 0
72	ケンケンずもう		5 4 3 2 1 0

0・1・2歳児のあそび

#	タイトル	ページ	対象年齢
73	ハンドル持って出発～！	66	5 4 3 2 1 0
74	クモの巣くぐり	67	5 4 3 2 1 0
75	動物さんにポンポ～ン		5 4 3 2 1 0
76	ツルさん カメさん	68	5 4 3 2 1 0
77	散歩に出かけよう	69	5 4 3 2 1 0
78	ひげじいさん鬼		5 4 3 2 1 0
79	とんとんとん、どなたですか？	70	5 4 3 2 1 0
80	よちよちしっぽ取り		5 4 3 2 1 0

第3章 わらべうたあそび … 71

ふれあいあそび＆ゲーム

#	タイトル	ページ	対象年齢(歳児)
81	あんたがたどこさ	72	5 4 3 2 1 0
82	たけのこ いっぽん	73	5 4 3 2 1 0
83	こんこんさん	74	5 4 3 2 1 0
84	いちわのからす	75	5 4 3 2 1 0
85	ねずみねずみようかくり	76	5 4 3 2 1 0
86	ことしのぼたん	77	5 4 3 2 1 0
87	げろげろがっせん	78	5 4 3 2 1 0
88	おえびす だいこく	79	5 4 3 2 1 0
89	さよならあんころもちまたきなこ		5 4 3 2 1 0
90	おてらのおしょうさん	80	5 4 3 2 1 0
91	だるまさんがころんだ	81	5 4 3 2 1 0
92	ひらいたひらいた		5 4 3 2 1 0

0・1・2歳児のあそび

#	タイトル	ページ	対象年齢
93	たんぽぽ	82	5 4 3 2 1 0
94	いっぽんばしこちょこちょ	83	5 4 3 2 1 0
95	どんどんばし		5 4 3 2 1 0
96	ここはとうちゃんにんどころ	84	5 4 3 2 1 0
97	えんやらもものき	85	5 4 3 2 1 0
98	こりゃ どこの地蔵さん		5 4 3 2 1 0
99	ぶーぶーぶー	86	5 4 3 2 1 0
100	おてぶしてぶし		5 4 3 2 1 0

アラカルト プラス38 … 87

★ごっこあそび … 88
- ＊ひもくじ屋ごっこ
- ＊警察ごっこ
- ＊洗濯ごっこ
- ＊保育園ごっこ
- ＊テレビごっこ
- ＊ドライブごっこ
- ＊プールごっこ
- ＊ショーごっこ
- ＊忍者ごっこ
- ＊郵便屋さんごっこ
- ＊消防士ごっこ
- ＊家ごっこ

★瞬間ゲーム … 91
- ＊逆さ言葉
- ＊グーパー上げ
- ＊STOP!!
- ＊まねっこ拍手
- ＊クイズ星人
- ＊ジェスチャーゲーム
- ＊ナンバーコール
- ＊歌当てクイズ
- ＊切り絵当て
- ＊トントンパッ
- ＊間違い探し
- ＊口パクゲーム
- ＊ハンカチパチパチ
- ＊これ何本？
- ＊あべこべ遊び
- ＊何回たたいたかな？

★0・1・2歳児 手作りおもちゃ … 94
- ＊ボタンつなぎ
- ＊洗濯バサミで変身～！
- ＊パクパクもぐもぐ
- ＊ひっぱりボックス
- ＊布積み木
- ＊フェルトのミルフィーユ
- ＊ひやひや～
- ＊ヒュ～ストン！
- ＊お出かけカバン
- ＊紙管にポトン

私の園で大人気のあそび、教えます!!

本書の特長

1 現場で人気のあそびを100厳選
園の先生にアンケート！現場でウケている、また育ちが考えられた100の遊び、さらにアラカルトとしてプラス38の遊びを教えてもらいました。

2 先生の声がたっぷり
人気のワケ、オススメポイントなど、実際に子どもたちと楽しんできた先生ならではの声を、もらさず収録しました。

3 年齢別アレンジ or バリエーション
100の遊びすべてに、アレンジorバリエーション付き！遊びが2倍、3倍に広がり、繰り返し楽しめますね。

本書の見方

特長1 通し番号①〜⑩ / カテゴリー
遊びをカテゴリー別に並べ、探しやすくしました。

対象年齢
あくまでも目安なので、園の子どもたちに合わせてご参考にしてください。

メインの年齢 / アレンジの年齢

教えてくれた先生

見やすい遊び方
イラストたっぷり♪ 番号順に目で追うだけで、遊びの概要がつかめます。

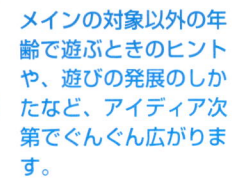

特長2 先生オススメの声
子どもはココを楽しんでいる！エピソードを交えながら、遊びのコツなども教えてもらいました。

特長3 年齢別アレンジ or バリエーション
メインの対象以外の年齢で遊ぶときのヒントや、遊びの発展のしかたなど、アイディア次第でぐんぐん広がります。

もっと教えて！ プラス38 特典 アラカルト (P.87〜)

① ごっこあそび
② 瞬間ゲーム
③ 0・1・2歳児 手作りおもちゃ

第1章

室内あそび

雨の日もおまかせ！
室内でも元気に体を動かせる遊びや、
ふれあいがギュッと詰まった遊びがたっぷり♥
子どもたちの心をつかんで離さない遊び、大集合です♪

- **P.6** 体を動かすあそび
- **P.21** ちょこっとゲーム
- **P.29** コーナーあそび
- **P.32** 0・1・2歳児のあそび

対象年齢 **5 4** 3 2 1 0 歳児

園で人気！

体を動かすあそび

1 イス＆おひざ座り

まき先生のオススメ
（神奈川・幼稚園）

イス取りゲームをアレンジ！
友達とのふれあいをプラスしました。

準備 園児用イス

1 イスの内側を歩く
円形内向きに並べたイスの内側を音楽に合わせて一方向に歩きます。

2 イスに座る
音楽が止まったら、イスに座ります（みんな座れる）。
これを何度か繰り返します。

3 イスを減らし、おひざに座る
保育者はイスを1個ずつ減らしていき、イスに座れなかった子どもは、友達のひざに座ります。

ココがオススメ！

* ひざに座るルールにすることで、友達とのふれあいが生まれます。
* ひざに座る友達の数がだんだん増えるのが楽しいようです。やりとりも盛り上がります。

年齢別アレンジ　**バリエーション**

ふれあい遊びをプラス
4〜5月なら、同じイスに座った子ども同士で自己紹介し合ったり、足で作ったトンネルをくぐり合ったりすると、仲よくなるきっかけに。

対象年齢 **5** 4 3 2 1 0 歳児

園で人気！ 体を動かすあそび

2 ダックダックグース

じゅんこ先生のオススメ（大阪・幼稚園）

アメリカの方に教えてもらった遊びです。英語が身近に感じられるようになります。

準備 なし
※ダック…アヒル
　グース…ガチョウ

室内あそび

1 鬼は「ダックダック…」と頭に触れる

鬼をひとり決め、ほかの子は、床に円形内向きに座ります。鬼は「ダック、ダック、ダック…」と言って、子どもの頭にひとりずつ触れながら、外側を一方向に回っていきます。

2 鬼は「グース」で触れたら逃げ、触れられた子は追いかける

鬼は適当なところで「グース」と言って頭に触れ、円に沿って進行方向に逃げます。頭を触られた子は、鬼を追いかけ、競走します。

ココがオススメ！
＊「グース」と言ってもらえるのを、ワクワクして待っていました。

3 空いた場所に早く座れたほうが勝ち

2のふたりのうち、空いた場所に座れなかった子どもが新たに鬼になり、繰り返します。

年齢別アレンジ　**バリエーション**

英語のパターンを増やそう

「ダック」「グース」を違う動物に置き換えても。いろいろな英語にふれられますね。

7

[園で人気！] 体を動かすあそび

3 運んで運んで

みねこ先生のオススメ（兵庫・保育園）

身近にあるものをボールにして遊ぶので、すぐできる！ペットボトルでうまく挟めるかな？

準備 500mlペットボトル（ひとり2本）、ボール（丸めた紙、風船など身近にあるもの）、箱・スピード感のあるBGMを流す

1 小グループに分かれる

3〜4人くらいのグループに分かれます。ボールはバラバラにまいておき、グループごとに箱を用意。また、ひとり2本ずつペットボトルを持ちます。

2 ペットボトルでボールを挟み、箱に入れる

保育者の合図で、一斉にスタート。
2本のペットボトルでボールを挟み、自分のグループの箱に入れていきます。

ココがオススメ！
＊早く運びたいのに、焦るほどなかなか挟めない…！夢中になって、集中して遊べますよ。

3 ボールの数で勝敗を決める

保育者はようすを見計らって、終了の合図を出します。箱の中のボールを数え、多かったグループの勝ち！

年齢別アレンジ｜バリエーション

難易度を上げる

丸めた紙のみで始め、2回戦からは風船やラグビーボールのような扱いにくい形を混ぜるとどれを挟もうか考えたり、教え合ったりする姿が。5歳児ならリレー形式にすると、運動会にも使えますよ！

対象年齢 **5 4 3 2** 1 0 歳児

園で人気！　体を動かすあそび

4 ダイコン抜き

ひかる先生のオススメ（和歌山・こども園）

農家とダイコンになりきって！
ふれあい要素もバツグンの遊びです。

準備　なし

1 農家・ダイコン役に分かれ、ダイコンは寝転んで輪を作る

農家（抜く人）を数人決めます。それ以外の子どもはダイコン（抜かれる人）になり、手をつないだり腕を組んだりして輪になって頭を内側にして寝転びましょう。

2 農家はダイコンを抜く

農家はダイコンの体や足を引っ張っていきます。全部抜けたら終わり。
※脱臼に注意し、力づくで引っ張らないように配慮しましょう。

ココがオススメ！
＊農家役、ダイコン役になりきっている姿が！ ごっこ遊びとしても楽しめます。

年齢別アレンジ ｜ バリエーション

2歳児にアレンジ！
保育者がダイコン役になり、子どもたちは協力して引っ張りましょう。

3歳児にアレンジ！
ダイコンは手をつながず寝転ぶだけ。ラインを引いて、その外まで引っ張りましょう。

対象年齢 5 4 3 2 1 0 歳児

園で人気！

体を動かすあそび

5 シャキーンゲーム

たえこ先生のオススメ（東京・こども園）

準備 なし

ドキドキワクワク！ いつ「シャキーン」がくるか、みんな楽しみに待っています。

1 鬼は円を回る
鬼をひとり決め、ほかの子は円形内向きに座ります。鬼はその外側をぐるぐる一方向に回りましょう。

2 「シャキーン」と間を切る
鬼は適当なところで「シャキーン」と言いながら両手を合わせ、刀に見立てて子どもと子どもの間を切ります。

3 切り目両サイドのふたりが走る
鬼は空いたスペースに座り、切り目にいるふたりは、左右に分かれて外周を周り、もうひとつの空いたスペースに座ります。座れなかった子どもが鬼になります。

ココがオススメ！
＊どちらが早く座れるか！？ ふたりの競走の応援にも熱が入り、盛り上がっていました。

年齢別アレンジ ／ バリエーション

ルールをプラス
「3回鬼になったら歌をうたう」など、子どもたちとルールを加えても楽しいですね。

園で人気！ 体を動かすあそび

6 ジャンケン迷路

たまえ先生のオススメ（神奈川・幼稚園）

ジャンケンしたさに、難しい動きも楽しくクリアできるようになります。

準備　巧技台、フープ、大型積み木、平均台など

室内あそび

1 迷路を作る
巧技台やフープ、大型積み木などで迷路を作ります。

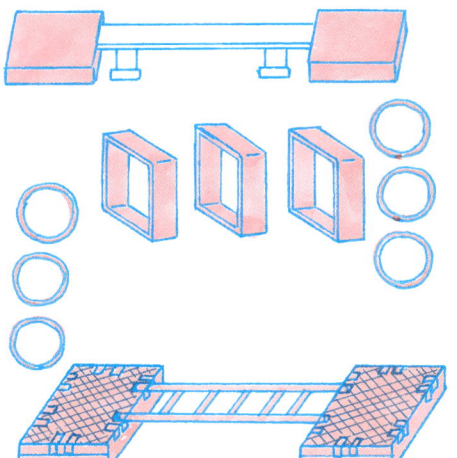

2 ジャンケンマン以外の子は、ゴールを目ざす
数か所に「ジャンケンマン」が立ち、ほかの子どもはスタート地点から障害物を越えていき、「ジャンケンマン」とジャンケン勝負。勝ったら前に進み、負けたらスタートに戻り再度ゴールを目ざします。

ココがオススメ！
＊楽しみながら、いろいろと体を動かせます。ジャンケンの勝ち負けで、喜んだり、悔しがったりして盛り上がります。

年齢別アレンジ　バリエーション

負けたらジャンケンマンに
ジャンケンで負けたら、そのジャンケンマンと交替してもおもしろい！

対象年齢　5 4 3 2 1 0 歳児

対象年齢 5 4 3 2 1 0 歳児

園で人気！ 体を動かすあそび

7 無人島ゲーム

くみこ先生のオススメ（東京・幼稚園）

フルーツバスケットの変形版！
クジラに追いかけられて、スリル満点♪

準備 イス

1 イス（無人島）に座り、鬼（クジラ）は待機

イスを無人島に見たててランダムに置き、鬼（ひとり）はクジラになって、洞穴（ビニールテープなどで作る）に見たてたスペースに待機します。

2 「1、2、3」で無人島を引っ越す

みんなで唱え歌をうたい、「1、2、3」で別のイスへ引っ越します。鬼は洞穴から出て、引っ越し中の子を捕まえに行きましょう。

♪むじんとう　むじんとう　ひとりぼっちのむじんとう
　こんどはどこに　いこうかな　1、2、3

ココがオススメ！
＊歌をいっしょにうたいながら行なうので、連帯感が生まれます。

3 捕まった子はクジラの仲間になる

鬼にタッチされた子は鬼の仲間になります。空いたイスはかたづけていき、無人島にいる子がいなくなるまで続けます。

年齢別アレンジ　**バリエーション**

大きな無人島で

イスの代わりに円をふたつ描き、島から島へ引っ越すようにしても楽しいですね。

対象年齢 **5 4 3** 2 1 0 歳児

園で人気！

8 ぐるぐる逃げろ〜

体を動かすあそび

さちえ先生のオススメ
（東京・保育園）

そわそわと落ち着きのないときにピッタリ！
お手軽な運動で気分もスッキリ。

準備 ゴザ
・BGMを流す

室内あそび

1 ゴザの周りを走る
BGMを流して、子どもたちはゴザの周りをぐるぐる走ります。
※ゴザには入らない、一定方向に走る。

2 捕まったらゴザに座る
保育者は10秒カウントダウン！　子どもを捕まえに行き、捕まった子はゴザに座ります。最後まで捕まらなかった子がチャンピオン。

年齢別アレンジ　バリエーション

ごっこ遊びにも
保育者がオオカミ、子どもはこぶたになって、ごっこ遊びにするのもオススメ。

ココがオススメ！
＊やり込んでいくと、保育者の後ろに隠れて走る（保育者も一定方向に走るので捕まらない）などの作戦を考える子も。

13

対象年齢 **5 4 3** 2 1 0 歳児

園で人気！ 体を動かすあそび

9 手押し車競争

まき先生のオススメ（大阪・保育園）

友達を落とさないよう、友達のペースも考えられるようになります。

準備　アンカータスキ

1 チームに分かれる

クラスを2〜3チームに分け、その中でペアをつくります。さらにチーム内で両サイドに分かれ、スタンバイ（最終組はアンカータスキを掛ける）。

2 手押し車でリレーをする

ペアのひとりが車になり、ひとりが足を持ちます。笛の合図でスタート。反対サイドのペアの所まで進み、タッチ交替を繰り返します。

＊楽しみながら腕の力がつきますよ。

3 早く終わったチームが勝ち

勝敗を決めます。
2回戦は、車になる人を交替しましょう。

年齢別アレンジ　バリエーション

3歳児にアレンジ！

手押し車でなく、ペアでパフリングなどを持って走るといいですね。

※パフリング…布製の運動手具

対象年齢 **5 4 3 2 1 0** 歳児

園で人気！ 体を動かすあそび

10 おいしいリンゴを、はいどうぞ

くみこ先生のオススメ（兵庫・幼稚園）

リンゴを渡したりもらったり。友達とのやりとりがうれしい。

準備 イス、リンゴを入れたカゴ
※リンゴはボールや手作りのものでよい。

室内あそび

1 イスの内側を歩く
数人がリンゴを入れたカゴを持ち、ほかの子どもはイス（円形内向き）に座ります。カゴを持っている子は、ピアノに合わせてイスの内側を自由に歩くまたはスキップしましょう。

ココがオススメ！
* リズムを感じながら体を動かすことを楽しめます。
* どんな所に出かけようかなどイメージを膨らますこともできますよ。

2 合図でストップ
保育者の「カゴの中身は何ですか？」の声でストップ。カゴを持っている子は「リンゴ」と答えます。

3 カゴを渡す
さらに保育者が「おいしいリンゴを」と声をかけ、全員で「はい、どうぞ」と答えます。カゴを持っている子は、座っている子にカゴを渡して替わりに座り、1から繰り返します。

年齢別アレンジ バリエーション

2歳児にアレンジ！
中央に段ボールなどで作った大きなリンゴの木を立て、音楽がストップしたら、リンゴを取ってイスに戻ります。

4・5歳児にアレンジ！
カゴにいろいろな果物を入れ、座っている子はその中で何が食べたいかを発表しておきます。保育者は果物のひとつを言って合図し、カゴを持っている子はその果物を食べたいと言った子に渡しましょう。

15

対象年齢 5 4 **3** 2 1 0 歳児

園で人気！ **11**

ゆきこ先生の
オススメ
（神奈川・幼稚園）

体を動かすあそび

野菜ゴロゴロ

準備　マット

「ぼくはジャガイモ」「わたしはタマネギ」
などと、好きな野菜になって楽しめます。

1 マットに転がる

野菜に変身し、保育者といっしょにマットの端
から順番にゴロゴロ転がります。

2 保育者は追いかけたり、食べるふりをしたり

保育者はころあいを見て人間に戻ります。「待て待て〜」と声をかけたり、
コチョコチョ触って食べるふりをしたりして楽しみましょう。

年齢別アレンジ　**バリエーション**

おイモ掘りごっこ

子どもはおイモになりきって、マットの持ち
手や側面をしっかりつかみます。保育者は足
を引っ張り、「おイモ掘りごっこ」を楽しみま
しょう。

ココが
オススメ！

＊保育者の声に反応し
て、転がり方や転
がるスピードに変化を
つけるようになり、
何度も楽しめます。

＊好きな野菜になり
きって見たて遊びにも
なります。

16　＊第1章＊室内あそび

対象年齢 5 4 3 2 1 0 歳児

12 体ジャンケンゲーム

体を動かすあそび

あい先生の オススメ (東京・こども園)

ひとりずつ前に出て、ジャンケン勝負！
体全体を使えるジャンケンゲームです。

準備 イス、カラー帽子

室内あそび

1 チーム対抗で足ジャンケンをする

2チームに分かれ、向かい合ってイスに座ります。各チームひとりずつ中央に進み、足を使ってジャンケンをしましょう。

2 ジャンケンに勝ったらイスに、負けたら床に座る

全員終わったときに、イスに座っている子の多いチームが勝ち！

ココがオススメ！
＊勝敗が明確なので、応援にも熱が入り、チームの一体感が生まれます。

年齢別アレンジ　**バリエーション**

登場のしかたを変える

ぐるぐる回りながら進む、ジャンプ、片足跳びで進むなど。

勝負のしかたを変える

ジャンケンの代わりに、おしりや手のひらでの押し合いも盛り上がります。足が動いたほうが負け！

対象年齢 **5 4 3** 2 1 0 歳児

園で人気！
13 ケンパ

体を動かすあそび

たまえ先生のオススメ
（神奈川・幼稚園）

丸型を床にはっておけば、いつでも好きなときにケンケンパが楽しめます。

準備　ビニールテープ

1 床に丸型をはる
ビニールテープで大小の丸型を、図のようにはります。

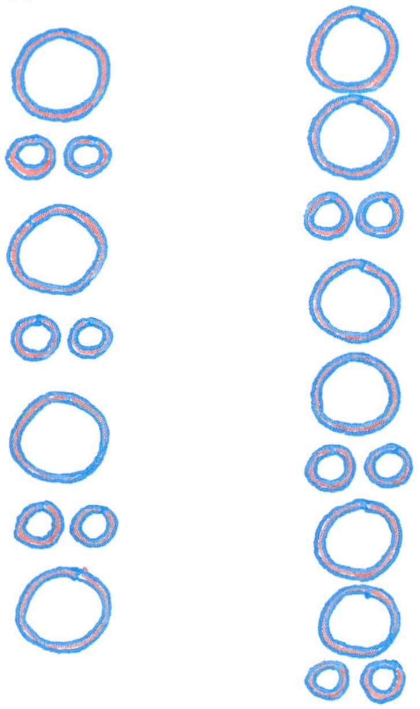

2 丸を踏んで跳ぶ
丸の上に足を乗せて跳んでいきます。

年齢別アレンジ　**バリエーション**

ドンジャンケン
両端から進み、出会ったところでジャンケン。勝つと進み、負けるとスタートに戻ります。数名ずつチームになってすると楽しいですよ。

ココがオススメ！
＊保育室にはっておいてもじゃまにならないので、いつでも繰り返し遊べます。上達が早く実感できますよ。

18　＊第1章＊室内あそび

対象年齢 5 4 3 2 1 0 歳児

園で人気！

14 クモ鬼ごっこ

体を動かすあそび

こころ先生のオススメ（大阪・保育園）

氷鬼の変形版！楽しみながら、体のいろいろな筋肉を使えます。

準備 なし

室内あそび

1 鬼を決め、全員「クモ」になる

鬼を数人決めます。全員クモ（両手を床に付け、おしりを床に付けない体勢）になり、スタンバイ。

2 鬼ごっこスタート

クモの体勢のまま、鬼は子どもを追いかけます。鬼にタッチされたらその場で固まり、仲間にタッチされたら復活！

ココがオススメ！
*タッチされても何度でも復活できるので、エンドレスで楽しめます。

| 年齢別アレンジ | バリエーション |

3・4歳児にアレンジ！

逃げるスペースを狭くしたり、ワニの体勢にしたりするといいですね

対象年齢 5 **4 3** 2 1 0 歳児

園で人気！ 体を動かすあそび

15 靴下ボール

たえこ先生の オススメ （東京・こども園）

当たっても痛くない！
身近なものですぐに遊べます。

準備 靴下

1 投げてキャッチ
靴下を合わせて丸め、ボールを作ります。ボールを上に投げて、両手や片手でキャッチしましょう。

2 手をたたいてキャッチ
ボールを投げている間に手をたたきます。何回たたけるかな？

年齢別アレンジ **バリエーション**

的を作ろう
箱を的にして狙って入れたり、壁にはった的目がけて投げたりしても楽しめます。

ココが オススメ！

＊身近にあるものがボールになってしまいます。軽くて軟らかいので、扱いやすいですよ。

対象年齢 **5 4** 3 2 1 0 歳児

園で人気！ ちょこっとゲーム

16 新聞紙おっこちないぞ!!

えりこ先生のオススメ（東京・幼稚園）

ふたりでくっついたり、助け合ったり。
仲間意識が育ちます。

準備 新聞紙

1 ペアで新聞紙に乗り、保育者とジャンケン
ふたりひと組になり、広げた新聞紙に乗ります。
どちらかひとりが保育者とジャンケン。

2 負けたら新聞紙を半分に
ジャンケンに負けたら、そのペアは新聞紙を半分に畳みます。
勝ったらそのまま、あいこは…など決めておきましょう。

3 繰り返し、勝敗を決める
新聞紙に乗れなくなったり、破れたりしたらアウト！ 最後まで残っているペア、または時間を決めて最後まで残っていたペアが勝ち。

ココがオススメ！
＊新聞紙が小さくなり、乗っているのが難しくなったら、「3秒乗れていたらOK」などにしても。

年齢別アレンジ **バリエーション**

親子のチーム戦
子ども4人、大人4人で1チームに。大人は新聞紙の外で子どもが落ちないように支える…などのルールにしてもおもしろい！

室内あそび

21

対象年齢 **5 4 3** 2 1 0 歳児

園で人気！ ちょこっとゲーム
17 宝探し

じゅんこ先生のオススメ
（大阪・幼稚園）

いつもの保育室が宝探しの舞台に！

準備　宝（印を付けたブロック・子どもと作った宝　など）

1 宝を隠す
子どもは別室で待機。その間に保育者は、人数分の宝をいろいろな場所に隠します。

2 宝探しスタート
ひとりひとつずつ探します。見つからない子にはさりげなくヒントを与えます。

年齢別アレンジ　**バリエーション**

探し方いろいろ
友達とペアで探す、チーム対抗で探す、自分の名前が入ったもの（ハンカチなど）を探しヒントを言い合う…など。

ココがオススメ！
＊探すほうも隠すほうも、ワクワクドキドキを楽しめます。

22　＊第1章＊室内あそび

対象年齢 5 4 3 2 1 0 歳児

園で人気！ ちょこっとゲーム

18 キャベツ

あい先生のオススメ（東京・こども園）

「捕まえる」「逃げる」ふたつの動作を同時に行なうので、スリルも2倍！

準備 なし

室内あそび

1 円になってスタンバイ
円形内向きに座ります。左手を筒状に丸め、右手のひとさし指を、右隣の子の左手に入れてスタンバイ。

2 「キャベツ」で捕まえる＆逃げる
保育者は「キャ キャ キャ…」と言い、「キャベツ」という合図で、すばやく左手を握り、右手を上げます（隣の子の指を捕まえ、自分は逃げる）。保育者は声の大きさを変えたり、フェイント（キャンドル、キャロットなど）を入れたりして盛り上げましょう。

年齢別アレンジ　**バリエーション**

合図を物語ふうに
（例）合図を「モモ」とすると…。「昔々あるところに、モモ村がありました。そこには、モモ川という…」。「モモ」で指を捕まえろ！

ココがオススメ！
＊合図を聞き分けようと、とてもよく集中します。活動にめりはりをつけたいときにもオススメです。

23

対象年齢 **5 4 3** 2 1 0 歳児

園で人気！

19 どこが違うかな？

ちょこっとゲーム

のりこ先生のオススメ（兵庫・幼稚園）

変わっているところを、みんなで当てっこ！
前をよく集中して見るようになります。

準備　隠す物（色や形が違う積み木、ブロック　など何でもOK）

1 持っている物を覚える

3〜4人がそれぞれ手に何かを持ち、みんなの前に出ます。そのほかの子どもはだれが何を持っているか覚えます。

2 変わっているところを当てる

前に出ている子は保育室から出て、持っている物を変えて再びみんなの前に現れます。だれの持ち物が変わっているかを当てて楽しみましょう。

つみきが
しかくに
なった！

だれの
どこが
違うかな？

年齢別アレンジ　バリエーション

4・5歳児にアレンジ！

手に持つ物を増やしたり、前に立つ人数を増やしたりして、少し難易度をアップ。

右手に三角、左手に四角の積み木

ココがオススメ！

＊ひとり1回、前に出て出題者になれるのがうれしいようで、みんなワクワクして待っています。

24　＊第1章＊室内あそび

対象年齢 **5 4 3** 2 1 0 歳児

園で人気！

ちょこっとゲーム

20. ダンシングストップゲーム

かほり先生のオススメ（東京・保育園）

雨の日の気分転換に最適！
自由な表現に個性があふれます。

準備　BGM（アップテンポの曲・子どもの好きな曲・ピアノ伴奏　など）

室内あそび

1 曲に乗って踊る
保育者はBGMをかけ、曲が流れている間、子どもは自由に踊ります。初めは保育者もいっしょに踊り、子どもと楽しさを共有しましょう。

2 ストップ！
保育者は突然曲をストップ！ 子どもはそのままのポーズで止まります。動いてしまったらその場に座るなどして、繰り返し楽しみましょう。最後まで残った子がチャンピオン！

ココがオススメ！
＊曲を流すだけでダンスホールに早変わり！
＊子どもの感性や表現力を育てます。
＊慣れてきたら異年齢でも楽しめます。

年齢別アレンジ　バリエーション

変身ストップゲーム
曲が止まると、動物や乗り物などに変身！

25

園で人気！　ちょこっとゲーム

21 ホニャララ回しゲーム

対象年齢 **5 4 3** 2 1 0 歳児

ゆきこ先生のオススメ（神奈川・幼稚園）

何がどんなふうに回ってくるのか!?
期待感を持って楽しめます。

準備 回す物（人形・ボール　など）

1 円になり、物を回す
円形内向きに座り、保育者は人形やボールなど、何か物を一方向に回し、1周させましょう。

2 回し方や、回す物を変える
初めは手渡しで。慣れてきたら頭上から渡したり、立って足の下から渡したりと、回し方を変えて楽しみましょう。回す物を変えてもいいですね。

ココがオススメ！
＊毎回、回す物や、回し方を変えると、次は何だろう？と期待感が膨らんで楽しんでいました。

年齢別アレンジ　｜　バリエーション

タイムアタック
何秒で1周できるか数え、それより速く回せるように目標を設定すると盛り上がります。

楽器を送る
鈴やタンバリンなどを送り、音をたてないように回すルールにしても。

26　＊第1章＊室内あそび

園で人気!

ちょこっとゲーム

迷探偵ゲーム

探偵に見つからないよう、みんなで団結！

準備 イス

…と …る

…外に出ます。保育…で座り、探偵が…り決めます。

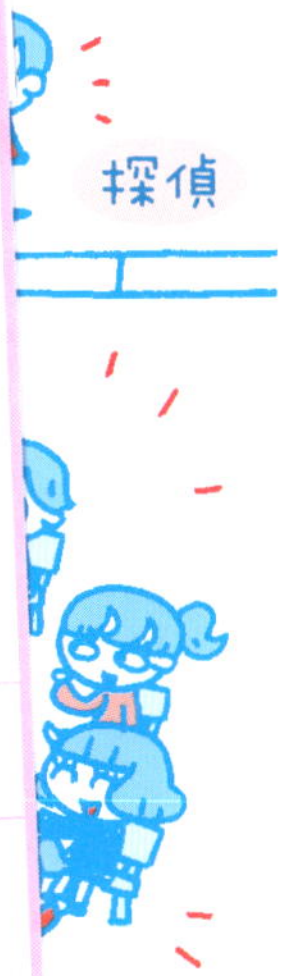

2 探偵はリーダーを見つける

探偵は数を数え終えたら室内に入ります。リーダーは拍手やひざをたたくなど動作をし、ほかの子どもたちはリーダーのまねをします。探偵はだれがリーダーかを当てましょう。

…ーション

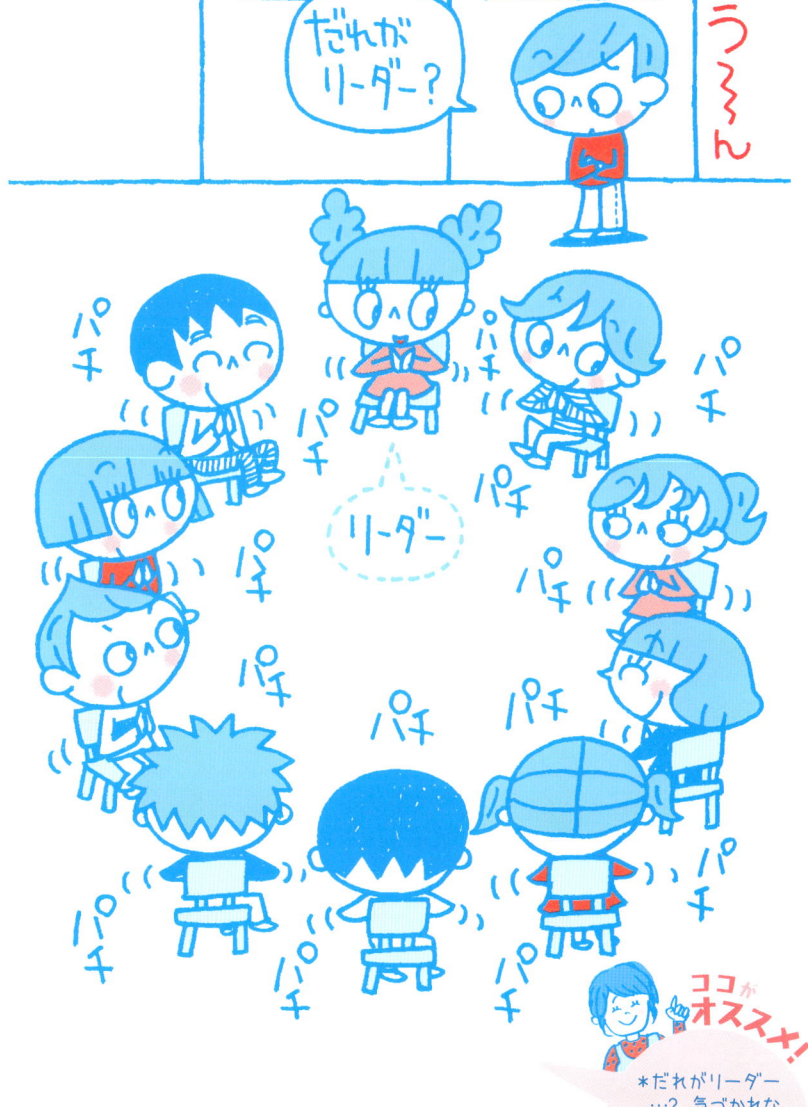

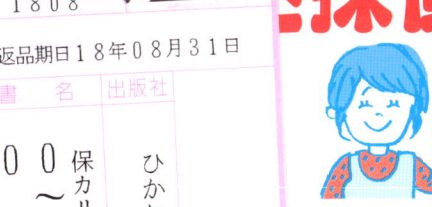

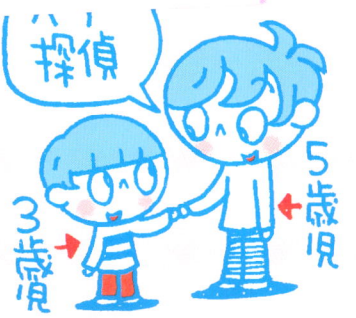

異年齢児とペアで

小さい年齢の子どもとペアになって探偵役をしても楽しめます。

ココがオススメ!

*だれがリーダー…？ 気づかれないように全員で気持ちを合わせるので、仲間意識もはぐくまれます。

対象年齢 **5 4** 3 2 1 0 歳児

園で人気！ ちょこっとゲーム

23 グループ対抗！ゲーム大会

さやか先生のオススメ（大阪・保育園）

準備　積み木 など

たくさん競争して、総合優勝チームを決めます。

1 グループ対抗で競争をする
5グループほどに分かれて、グループ対抗でいろいろな競争をします。
（例）積み木早積み競争、早並べ競争、なべなべ底抜け競争　など

ココがオススメ！
＊友達同士で協力し合って遊ぶ楽しさを知ることで、ゲームの後もいっしょに積み木などを楽しむ姿が見られました。

2 総合優勝チームを決める
1位の回数が多かったグループが優勝！

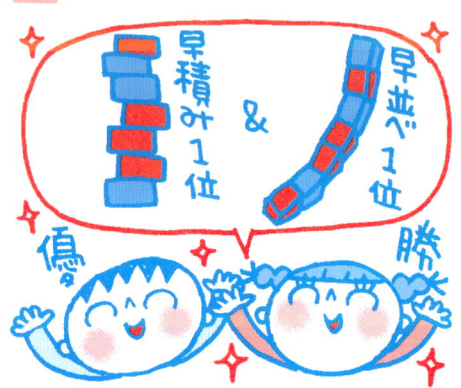

年齢別アレンジ　バリエーション

グループの人数を変える
グループの人数を増やしたり減らしたりすると、やりとりの内容も変わります。

ゲームいろいろ
短距離リレー、的当てなど、子どもたちとゲームの内容を考えてみても楽しいですね。

対象年齢 **5 4** 3 2 1 0 歳児

園で人気！ コーナーあそび

24 ジャンケン陣取り

りつこ先生の オススメ
（兵庫・保育園）

ジャンケンと色塗り。両方一度に楽しめます。

準備：マスが書かれた紙（A5くらい）、色鉛筆

1対1で遊びます。ジャンケンをして勝ったら、マスのひとつに色を塗っていきましょう。すべてのマスに早く色を塗ったほうが勝ち！

年齢別アレンジ バリエーション

マスを作ろう
自分たちで♡、□、△などのマスを自由に作るとより楽しめますね。

ココが オススメ！
＊ジャンケンだけでなく、色塗りも魅力のひとつ！

園で人気！ コーナーあそび 対象年齢 **5 4** 3 2 1 0 歳児

25 オリジナルすごろく

ひさこ先生の オススメ
（東京・幼稚園）

作る楽しみ、遊ぶ楽しみ。楽しさ2倍！

準備：模造紙（またはテーブルクロス用のビニールシート※破れにくい）、ペン、乳酸菌飲料などの空き容器、サイコロ

オリジナルすごろくを作って遊びます。マスの内容も子どもたちといっしょに考えます。
（例）3回ジャンプして4回拍手、隣の人とジャンケンして勝ったらひとつ進む　など

←コマ

ココが オススメ！
＊園やクラスならではの内容が入るとオリジナル感が増し、より楽しめます。

年齢別アレンジ バリエーション

巨大すごろく
自分がコマに変身！マスは画用紙で、サイコロも積み木などで作り、大型にするといいですね。

室内あそび

対象年齢 5 4 3 2 1 0 歳児

コーナーあそび

26 織物あそび

けいこ先生の
オススメ
(保育アドバイザー)

身近な素材で、カンタン織物♪

準備 段ボール、毛糸（両手を広げたぐらいの長さに切る）、たこ糸、つまようじ（先は切っておく）、セロハンテープ

段ボールと毛糸で、織物に挑戦！

1 段ボールの両端に切り込みを偶数本入れる。

2 たこ糸を切り込みに掛けながら巻き付けていく（端は段ボールの裏側にセロハンテープで留める）。

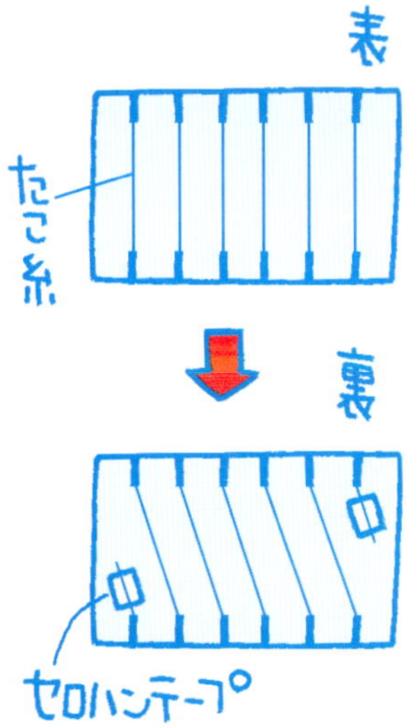

3 毛糸の端をつまようじの持ち手にセロハンテープで留めて針を作る。

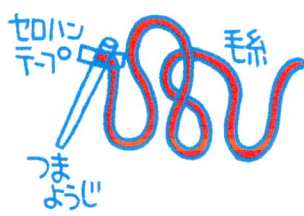

4 段ボールのたこ糸に、毛糸を織り込んでいく。

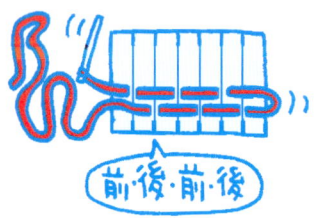

前・後・前・後

5 全面織り込めたら、裏側のたこ糸を中央で切る。

6 たこ糸を段ボールから取り外し、隣同士を結びます。

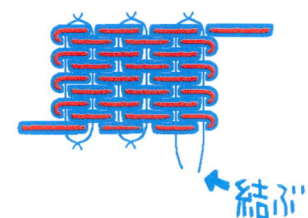
↑結ぶ

★段ボールの大きさ、たこ糸の本数を変えると、作品の大きさが変わりますよ。

★途中で違う色の毛糸に結び替えると色が変わります。

きって いいよ

みてー

ココがオススメ！

＊色合いを見せ合ったり、毛糸を切るのを手伝ったり、友達とのかかわりがしぜんと生まれます。

年齢別アレンジ　バリエーション

作品いろいろ

コースター、敷物、リボン（真ん中を結んで）、ブローチ、ストラップ、髪飾り…などいろいろなものが作れます。親子ですると、マフラーや手提げカバンなどの大作も！

対象年齢 **5 4** 3 2 1 0 歳児

室内あそび

園で人気！ コーナーあそび

27 ビー玉転がし

ひろみ先生の オススメ
（東京・幼稚園）

どんなコースにしようか、みんなで考えながら楽しめる！

準備 ビー玉、折り畳み式園児用机など、コースの材料（紙管、牛乳パック、厚紙 など）

斜めにした机、板、箱などにコースを作り、ビー玉を転がして楽しみましょう。初めは、保育者が作ったコースで転がす楽しさを味わってから作るといいですね。

年齢別アレンジ バリエーション

保育参加にも
親子で協力して作ります。保護者のほうが夢中になることも！

ココが オススメ!
＊グループに分かれてそれぞれコースを作ると、互いに刺激を受けながらコースを作る姿が見られました。

園で人気！ コーナーあそび 対象年齢 **5 4 3** 2 1 0 歳児

28 ぬり絵パズル

あかね先生の オススメ
（神奈川・幼稚園）

塗り絵とパズルがドッキング！

準備 画用紙、ハサミ、ペン、クレヨン など

画用紙に塗り絵の線を描き、塗り絵を楽しみます。
切り取り線を描いてから切り離し、パズルとして遊びましょう。

年齢別アレンジ バリエーション

難易度を変えて
塗り絵の絵柄を細かくしたり、切り取り線を複雑にしたりすると、難易度が上がりますよ。

ココが オススメ!
＊塗り絵とパズルで、2倍楽しめます。

31

29 フープにはいれ～!

園で人気!
0・1・2歳児のあそび

なっちゃん先生のオススメ（兵庫・保育園）

準備　フープ、タンバリン

イス取りゲームの乳児バージョン！みんなが入れて楽しめますよ。

1 フープの周りをお散歩
フープをランダムに置き、子どもたちは音楽に合わせて周りをお散歩します。

2 「ストップ」でフープに入る
保育者はタンバリンなどで「ストップ」の合図を出します。子どもたちはフープの中に座りましょう（1個に数人入ってもOK）。
※急いでぶつからないように配慮しましょう。

年齢別アレンジ｜バリエーション

色鬼ふうに
大きいフープにして、ストップの合図とともに色を指定。何人入ってもOK！　抱き合ったり、つま先立ちしたりするほほ笑ましい姿が見られます。

ココがオススメ!
＊フープの数は人数分以上。数は減らさず、必ず入れるようにすることで遊びに集中できます。

対象年齢 5 4 3 **2 1 0** 歳児

室内あそび

園で人気！

0・1・2歳児のあそび

30 畑のおイモ

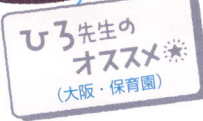
ひろ先生の
オススメ
（大阪・保育園）

準備 マット

引っ張られるかも！？ ドキドキ感が楽しい。

子どもはマットにうつぶせになり、端をつかみます。保育者は「おいしいおイモはどれかな？」など、ドキドキするような言葉をかけながら周りを歩きます。子どもの足を引っ張り、子どもはマットから出ないように踏ん張りましょう。

ココが オススメ！
＊指でツンツンしたり、頭をなでなでしたり。たっぷりスキンシップを。

年齢別アレンジ **バリエーション**

保育者がイモ役に
子どもたちに引っ張ってもらうと楽しいですね。

園で人気！

0・1・2歳児のあそび

対象年齢 5 4 3 **2** 1 0 歳児

31 的あて

みほ先生の
オススメ
（東京・保育園）

準備 段ボールの的、新聞紙などを丸めたもの

思いっ切り投げて、気分転換にも♪

段ボールで作った的を目がけ、紙のボールを投げます。点数などを書いておくと楽しいですね。

年齢別アレンジ **バリエーション**

年齢に合わせて
的との距離や大きさ、投げる物を変えるなどすると、いろいろな年齢で楽しめますね。

ココが オススメ！
＊的は動物の形などにすると、乳児はより楽しめますよ。

園で人気！

32 なんだ山！こんな山！

0・1・2歳児のあそび

みはる先生のオススメ（奈良・保育園）

しぜんと挑戦したくなるマットの山です。

準備 とび箱、マット、折り畳み式園児用机 など

マットなどで作った山を、登り下りして楽しみます。大小ふたつの山を作ると、高めの山に挑戦したり、高い所からの景色を眺めたりする姿が見られますよ。
※保育者は必ずそばにつき、手を添えるなどの援助をしましょう。

ココがオススメ！
＊挑戦を繰り返して、ついに登れたときのなんともいえない顔が忘れられません！

年齢別アレンジ　バリエーション

ボールキャッチ
坂に小さなボールを転がして、子どもがキャッチ！自分で転がせるようにしても楽しいですね。

34 ＊第1章＊室内あそび

対象年齢 5 4 3 2 **1 0** 歳児

園で人気！

0・1・2歳児のあそび

33 かみなりドカーン！

まや先生のオススメ（大阪・保育園）

準備 なし

静と動の動きをミックスさせて、めりはりのある展開を！

子どもはバラバラに広がってあおむけに寝転がります。保育者は「ゴロゴロ…」と言いながら歩き、「ドカーン！」と合図！子どもはおへそを取られないように、急いでうつぶせになりましょう。

年齢別アレンジ　バリエーション

3・4・5歳児にアレンジ！

かみなり役を子どもがしたり、合図にフェイントを入れたりしても楽しめます。

ココがオススメ！
＊合図がいつくるか…息をひそめて待っているようすと、必死にうつぶせになるギャップがおもしろい！

対象年齢 5 4 3 2 **1 0** 歳児

園で人気！

0・1・2歳児のあそび

34 タオルで遊ぼう

よしこ先生のオススメ（奈良・保育園）

準備 タオル（バスタオル、フェイスタオル　など）

身近なタオルでいろいろな遊びを生み出します。

タオルを使ったいろいろ遊びです。

・ゆらゆらハンモック
・ジェットコースター
・人間コマ回し

※転倒や転落に注意しましょう。

ココがオススメ！
＊「波がきた～！」と言ってちょっと大胆に揺らすと、スリル好きの子は大喜び！

年齢別アレンジ　バリエーション

0歳児にアレンジ！

○ハンドタオルで「いないいないばあ」
○フェイスタオルの端を保育者と子どもがそれぞれ持って「ぎっこんばったん」

室内あそび

対象年齢 5 4 3 2 1 0 歳児

園で人気！

0・1・2歳児のあそび

35 のり巻き、のり巻き！

まき先生の
オススメ
（大阪・保育園）

保育者とのスキンシップがいっぱいです。

準備 マット

保育者は歌をうたいながら、マットに寝転んだ子どもをのり巻きに見たてて、転がしたり揺らしたりします。※『グーチョキパーでなにつくろう』のメロディーで

♪のりまき　のりまき　ゴーロゴロ　ゴーロゴロ　みんなでたべよう　みんなでたべよう
　パクパクパク　パクパクパク

年齢別アレンジ　バリエーション

2〜5歳児にアレンジ！

子ども同士でペアになって楽しみましょう。

ココがオススメ！
＊子どもの体のいろいろな場所を、両手でパクパクすると喜びます。

園で人気！

0・1・2歳児のあそび　対象年齢 5 4 3 2 1 0 歳児

36 さあ、おうちに入りましょう

めぐみ先生の
オススメ
（東京・幼稚園）

合図を聞いて、フープの家に隠れろ〜！

準備 フープ

フープを家に見たててランダムに置き、子どもは好きな動物になりきって歩きます。
保育者は雷や雨のような音（合図）を出し、子どもは急いでフープの家に入りましょう。

年齢別アレンジ　バリエーション

4歳児にアレンジ！

イス取りゲームふうにフープの数を徐々に減らし、最後まで残った人が勝ち！

ココがオススメ！
＊曲やリズムに乗りながら動物になりきって動くことを楽しむ、リトミック遊びです。

対象年齢 **5 4 3 2** 1 0 歳児

園で人気！

37 テープはがし

0・1・2歳児のあそび

ちほこ先生のオススメ（和歌山・こども園）

探究心や指先の発達を促す遊びです。

準備　ビニールテープ、ハサミ、ゴミ箱（小さい箱やカゴ）

色とりどりのビニールテープ（5cm程度）を、保育室のいろいろな場所にはっておきます。子どもはテープを次々とはがして楽しみます。はがしにくい子がいれば、ビニールテープの端を折っておくといいですね。　※テープを口に入れないように注意しましょう。

ココが オススメ！
＊とても集中して活動できます。高い所は背伸びをして…など、一生懸命な姿が。

年齢別アレンジ　バリエーション

3・4・5歳児にアレンジ！

テープに絵を描いて宝を作り、宝探し！

園で人気！

0・1・2歳児のあそび　対象年齢 5 4 **3 2** 1 0 歳児

38 ドレミファカルタ

ようこ先生のオススメ（東京・こども園）

乳児OKの歌カルタです。

準備　手作りカルタ（それぞれ曲名と絵を描いたもの）

保育者は子どもになじみのある歌のカルタを作ります。
手札を読む代わりに歌をうたい、子どもは絵札を取りましょう。

♪さいた～さいた～♪

ココが オススメ！
＊子どもたちは歌が大好き！歌をいっしょにうたいながら楽しみましょう。

年齢別アレンジ　バリエーション

3歳児にアレンジ！

うさぎとかめ

曲名だけを読み上げたり、イントロ部分だけ歌ったりすると幼児向けに。

室内あそび

対象年齢 5 4 3 **2** 1 0 歳児

園で人気！

39 通りゃんせ通りゃんせ

0・1・2歳児のあそび

よしこ先生のオススメ（奈良・保育園）

指先を使う活動です。集中力もつきます。

準備：布（切り込みを入れる）、通す物（花はじき、小さく切った発泡トレー　など）

布の切り込み部分に、花はじきや小さく切った発泡トレーなどを通して楽しみましょう。

年齢別アレンジ　バリエーション

難易度を変えて
布の切り込みの幅や、通す物の大きさを変えると、いろいろな年齢で楽しめます。

ココがオススメ！
＊よく集中して遊べます。ボタン掛けへも発展しますよ！

園で人気！

0・1・2歳児のあそび　対象年齢 5 4 3 2 **1** 0 歳児

40 へんしんハンカチ

みか先生のオススメ（大阪・保育園）

ハンカチが変身！　イメージが膨らみます。

準備：ハンカチ

歌をうたいながらハンカチを次々と変身させて、まねっこ遊びを楽しみましょう。
（例）『ぞうさん』『ちょうちょう』など

ココがオススメ！
＊子どもたちは、「お化け」「お母さん」などいろいろなものに変身したがりますよ。

年齢別アレンジ　バリエーション

2・3歳児にアレンジ！

ハンカチをひとり1枚ずつ持ち、ピアノの曲に合わせて表現遊びを楽しんでも。

第2章

戸外あそび

みんな大好き「鬼ごっこ」バリエから、
少人数にピッタリの遊びまで、盛りだくさん★
大人気の遊びには"ワケ"がある！

P.40　鬼ごっこ

P.50　ゲーム

P.59　少人数でもOK

P.66　0・1・2歳児のあそび

対象年齢 5 4 3 2 1 0 歳児

園で人気！ 鬼ごっこ

41 ハンターごっこ

よしこ先生のオススメ（奈良・保育園）

鬼ごっこに「ミッション」をプラス！
ミッションを変えると繰り返し遊び込めます。

準備 なし

1 逃走者は逃げ、ハンターは追いかける

逃走者チーム、ハンターチームに分かれます。ハンターは捕まえに行き、捕まった逃走者はハンターの基地に入れられます。

ハンターの基地
ハンター
逃走者

2 ミッションクリアで復活！

逃走者チームのだれかが「ミッション」をクリアすると、ハンターの基地のひとりが復活！
（例）石を10個拾う、赤色を3回触る など。
全員捕まったら終了。

ミッションは「石を10個拾う」です！

ふっか〜！？
ミッションクリア
小石10個
→ ひとり出られる

全員捕まったら終了
ハンターの基地

年齢別アレンジ｜バリエーション

3歳児にアレンジ！

ミッションをなしにして遊んでも。定番の鬼ごっこでも、ハンターなどのなりきり要素が加わるだけで新鮮さが感じられますね。

ハンター
まてー

ココがオススメ！

＊ミッションの内容は子どもたちで決めます。「○○先生とハイタッチ！」など楽しいアイディアが出ますよ。

対象年齢 **5 4** 3 2 1 0 歳児

園で人気！ 鬼ごっこ

42 バナナ鬼

まき先生のオススメ（大阪・保育園）

氷鬼をバナナバージョンにアレンジ♪
バナナのポーズでおもしろさアップ！

準備 なし

1 鬼にタッチされたらバナナになる

鬼を決め（複数でも可）、鬼が10数えている間に、ほかの子は逃げます。鬼にタッチされた子は、バナナのポーズでその場で静止します。

バナナのポーズ
STOP
1・2・3 …… 10
タッチ

2 皮をむいてもらったら復活！

仲間に皮をむいてもらう（両手を下げる）と動けるようになります。全員バナナになったら終わり。

ココがオススメ！
＊バナナのポーズや、皮をむいてもらう動作が、子どもたちのお気に入りです。

年齢別アレンジ **バリエーション**

ミカン鬼
腕を丸くして固まれば「ミカン鬼」に。そのほか子どもたちとアイディアを出し合ってもいいですね。

戸外あそび

対象年齢 **5 4** 3 2 1 0 歳児

園で人気！ 鬼ごっこ

43 くつ鬼

ひろみ先生のオススメ
（東京・幼稚園）

動くエリアが決められているので、あまり動くことを好まない子も参加しやすいですよ。

準備 ベンチ　など

1 安全地帯から安全地帯に逃げる
エリアを決め、四隅に安全地帯、真ん中に靴置き場を作ります。鬼（数人）以外は安全地帯から安全地帯へ移動し、その間に鬼は捕まえます。

2 捕まったら靴を取られる
捕まった子は靴を片方真ん中に置き、エリア外へ出ます（ベンチに座るなどして待機）。

3 仲間が靴を取り戻すと復活！
鬼は靴を守り、ほかの子どもは逃げながら靴を取りに行きます。靴を取り戻したら持ち主に返し、その子は復活！　全員靴を取られたら終わり。

ココがオススメ！
＊逃げる、靴を取り戻す、守る、子どもそれぞれの得意なところが見えてきて、友達同士で認め合う姿にもつながります。

年齢別アレンジ／バリエーション

両足の靴を取られたらアウト
慣れてきたら、発展として靴を片方取られても片足ケンケンで参加でき、両方を取られたらエリア外に出る、というルールを加えても。

園で人気！　鬼ごっこ

44 サルカニ合戦

対象年齢 5 4 3 2 1 0 歳児

けいすけ先生のオススメ（東京・幼稚園）

宝取りと助け鬼のミックスゲーム！ 大好きな物語の登場人物になりきって、大張り切りです。

準備：カゴ、玉入れの玉 など

1 サルは柿を取りに行く

サルチーム、カニチームに分かれ、それぞれ陣地に入ります。サルは、カニの陣地まで柿（玉入れの玉）を取りに行き、カニはサルを捕まえます（サルの陣地には入れない）。

2 捕まったらカニの部屋に入れられる

サルは捕まると、カニの部屋に入れられます。仲間にタッチしてもらったら復活！

3 勝敗を決める

サルは柿を全部（10個）取ったら勝ち。カニはサルを全員捕まえたら勝ち。

ココがオススメ！
＊慣れてくると、サルとカニの駆け引きが生まれてきます。状況を把握する力や、仲間意識も育ちますよ。

年齢別アレンジ　バリエーション

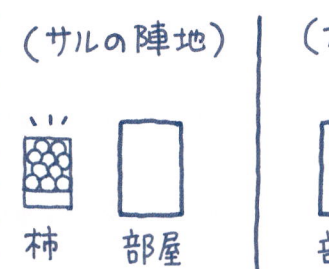

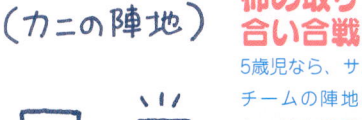

柿の取り合い合戦

5歳児なら、サルチームの陣地にも、柿と部屋を設定し、柿の取り合いにしても楽しめます。

戸外あそび

対象年齢 5 4 3 2 1 0 歳児

園で人気！ 鬼ごっこ

45 がっちゃん

さちえ先生のオススメ（東京・保育園）

鬼対ひとりの一騎打ち！ 逃げる人がひとりなので、展開に目が離せません。

準備 なし

1 鬼は逃げる人を追いかける
鬼をひとり、逃げる人をひとり決めます。それ以外はふたり組になって手をつなぎ、その場にストップ。鬼は逃げる人を追いかけましょう。

2 「がっちゃん」で逃げる人が入れ替わる
逃げる人は逃げながら、ふたり組のひとりに「がっちゃん」手をつなぎます。手をつながれた隣の子が、今度は逃げる人になります。

ココがオススメ！
＊逃げる人がひとりなので、ほかの子が「こっちこっち！」などアドバイスする姿も。同時にいつ「がっちゃん」がくるか…のドキドキ感も気分を盛り上げます。

3 タッチされたら鬼になる
鬼にタッチされたら、鬼と逃げる人が交替します。エンドレスで楽しみましょう。

年齢別アレンジ　バリエーション

輪になって 
鬼と逃げる人以外は輪になります。輪の中や外をくぐって逃げる鬼ごっこにしてもいいですね（タッチで鬼交替）。

対象年齢 **5 4 3** 2 1 0 歳児

46 あらしあらし大嵐

園で人気！ 鬼ごっこ

ちかこ先生のオススメ（京都・保育園）

フルーツバスケット風の遊びが、準備なしで楽しめます。

準備 なし

3人組になり「木」ふたり、「リス」ひとりを決めます。木は手をつなぎ、リスは中に入ります。鬼をひとり決め、「あらしあらし大嵐！」と合図をした後、「木」「リス」「大嵐」のどれかをコール。
○リス…ほかの木の中に入る　○木…ほかのリスを囲む（新しいペアで）　○大嵐…全員移動する
コールの後、鬼も移動して加わります。そのため、残った人が次の鬼になります。

年齢別アレンジ　バリエーション

『3匹のこぶた』風

子どもたちに親しみのある物語の設定にしてもいいですね。
（例）『3匹のこぶた』
※全員移動の合図は「オオカミ」のコール。

ココがオススメ！
＊鬼のコールを聞こうと集中し、すばやく動作に移すというめりはりが楽しさの秘訣です。

---

47 場所取りゲーム

園で人気！ 鬼ごっこ

対象年齢 5 **4 3** 2 1 0 歳児

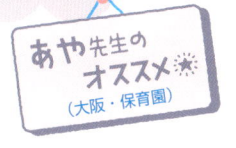

あや先生のオススメ（大阪・保育園）

色鬼の形バージョン！
3歳児から楽しめる遊びです。

準備 なし

○や△、□などさまざまな形を園庭に描いておきます。鬼（2～3人）は好きな形を言い、10数えます。ほかの子どもはその形に入りに行き、途中でタッチされたら鬼交替。

年齢別アレンジ　バリエーション

4歳児にアレンジ！

鬼の数を増やす、形の種類を増やす、形を小さくすると、難易度が上がり楽しめます。

ココがオススメ！
＊色鬼と違い、形だと3歳児にもよくわかります。

対象年齢 **5 4 3** 2 1 0 歳児

園で人気！ 鬼ごっこ

48 天使ごっこ

ようこ先生のオススメ（東京・こども園）

鬼ごっこが嫌いな子のために生まれた「天使」バージョンです。

準備 なし

1 天使が追いかける
天使をひとり決め、天使はほかの子を捕まえに行きます。

2 捕まったら天使の仲間になる
捕まった子は天使と手をつなぎ、仲間になります。どんどん仲間を増やしていきましょう。

ココがオススメ！
＊捕まっても「天使の仲間」であることがポイント。安心して参加できますね。

3 天使の輪になってくすぐる
天使が半数以上になったら、「天使の輪」になります。天使になれなかった子は輪の中に入り、天使たちにくすぐられて幸せな気持ちになりましょう。

年齢別アレンジ バリエーション

3歳児にアレンジ！
保育者が天使になり、みんなを仲間にしていきましょう。全員で輪になったら『むすんでひらいて』などで楽しんでもいいですね。

対象年齢 5 4 3 2 1 0 歳児

園で人気！ 鬼ごっこ

49 時計鬼

さちえ先生のオススメ（京都・保育園）

「だるまさんがころんだ」のアレンジ版！

準備 なし

1 鬼と問答しながら前に進む

子どもはスタートラインに並び、鬼は離れて背を向けます。
子「鬼さん、鬼さん、今何時？」（前に進む）
鬼「今8時」（振り返る） などと問答をしながら、子どもは前に進みます。
鬼が振り返っているときはストップ。

ココがオススメ！

＊楽しく遊びながら、時間や数字に親しむことができます。

2 「夜中の2時」で逃げる

鬼が「夜中の2時」と答えたら、子どもはスタートラインまで逃げ帰ります。
鬼は追いかけ、タッチされた子どもが次の鬼になります。

年齢別アレンジ バリエーション

2歳児にアレンジ！

保育者はオオカミ（鬼）になり、子どもと問答。子「オオカミさん、今何時？」保「今8時。パクパク…朝ごはん食べているよ」など、ごっこ遊びを楽しみながら、「夜中の2時。お化けの時間〜！」で追いかけっこ遊び。

戸外あそび

47

対象年齢 **5 4** 3 2 1 0 歳児

園で人気！ 鬼ごっこ

50 ドキドキサイクル

ふみひこ先生のオススメ
（兵庫・幼稚園）

押したり引っ張り合ったりという、ふだんできない経験を遊びの中で！

準備 なし

鬼チームは円の中に入ります。逃げるチームは道の中を一方向に走り、スタートからゴールまでを目ざします。鬼は押したり引っ張ったりし、道から出された子はアウト。だれかひとりでもゴールできたら逃げるチームの勝ち！

※道は狭いところと広いところができるように描きます。

年齢別アレンジ バリエーション

4歳児にアレンジ！

保育者ひとりが鬼になってスタート。タッチされた子は鬼の仲間になり、最後まで生き残った子がヒーロー！

ココがオススメ！
＊仲間を助けようとするきずなが見られたり、どこで待ち伏せするかなど、みずから作戦をたてたりする姿が。

園で人気！ 鬼ごっこ 対象年齢 **5 4** 3 2 1 0 歳児

51 破き鬼

けんじ先生のオススメ
（大阪・幼稚園）

身近にある廃材なので、いつでも楽しめます。

準備 新聞紙

鬼を決め、ほかの子は穴をあけた新聞紙をかぶって逃げましょう。
鬼は新聞紙をはぎ取っていき、かぶれなくなったらアウト！ 鬼の仲間になります。

年齢別アレンジ バリエーション

鬼の新聞紙を取れ～！

鬼だけが数枚の新聞紙をかぶり、ほかの子ははぎ取っていきます。破り取った新聞紙をつなげ、一番大きい子が勝ち！

ココがオススメ！
＊しっぽ取りと違い、一度鬼に追いつかれたとしても、かぶれなくなるまではアウトにならない！

48　＊第2章＊戸外あそび

対象年齢 5 4 3 2 1 0 歳児

園で人気！　鬼ごっこ

52 3匹のこぶた

まなみ先生のオススメ
（神奈川・幼稚園）

『3匹のこぶた』のお話の世界に入って遊ぶ、なりきり鬼ごっこです。

準備 なし

こぶた役、オオカミ役に分かれます。こぶたはオオカミにタッチされないよう、家から家へ、橋を渡って移動します。オオカミはこぶたが橋を移動する間にタッチ！　タッチされたこぶたはオオカミと交替します。

ココがオススメ！
＊「おいしいこぶたはどこだ〜！」とオオカミになりきって、たいへん盛り上がります。

年齢別アレンジ　バリエーション

3歳児にアレンジ！
保育者がふたり、それぞれの役に加わると安心して遊びを楽しめます。

園で人気！　鬼ごっこ　対象年齢 5 4 3 2 1 0 歳児

53 ネコとネズミ

ひろ先生のオススメ
（大阪・保育園）

保育者との問答がおもしろい！ちょっとしたドキドキ感も味わえます。

準備 フープ、マット　など

子どもがネズミ、保育者がネコになり、向かい合います。子ども「ネコさんネコさん何が好き？」（保育者に近づく）保育者「（例）目玉焼き」などの問答を繰り返します。保育者は最終的に「ネズミ」と答えて追いかけ、子どもはおうち（フープやマット）まで逃げましょう。

ココがオススメ！
＊ネコやネズミになりきって、ごっこ遊びとしても楽しんでいました。

年齢別アレンジ　バリエーション

4・5歳児にアレンジ！
子ども数人でネコ役をすると、子ども同士のやりとりが生まれます。

49

対象年齢 **5 4** 3 2 1 0 歳児

園で人気！ ゲーム

54 大判オセロ

めぐみ先生のオススメ
（東京・幼稚園）

カードをどんどんひっくり返せ！ 視覚的にもわかりやすいので、応援にも熱が入って盛り上がります。

準備 厚めのカード（20〜24枚、B5サイズ、表裏それぞれ別の色を付ける）、カラー帽子

1 相手チームの色をひっくり返す

2チームに分かれ、どちらの色にするか決めます。保育者の合図でスタート。
地面に置いてあるカードで、相手チームの色のものをどんどんひっくり返し、自分のチームの色にしていきましょう。
相手チームにめくられても、またまくり返せます。※最初にカードの表の色が同数になるように置いておきましょう。

ココがオススメ！
＊何度でもめくれるので、最後まで勝負がわからずおもしろい！ みんな夢中でひっくり返していました。

2 色の多いチームの勝ち

時間を決めてストップし、
表になっている枚数の多い色のチームが勝ち！

年齢別アレンジ　バリエーション

グループ対抗戦

4〜5人ずつ、少人数のチーム対抗戦にすると、グループの仲間づくりにもなります。

VS

対象年齢 **5** 4 3 2 1 0 歳児

園で人気! ゲーム
55 ちびっこラグビー

ふみひこ先生のオススメ
（兵庫・幼稚園）

幼児向けにラグビーを単純化！

準備　ドッジボール、タイヤ（またはマット）

1 ボールを取り合う

2チームに分かれます。ボールを持って走り、仲間にパスしたりボールをつかんで取り合ったりし、タイヤのゴールを目ざしましょう。

ルール
* 取り合うときはボールを引っ張る。服や体を引っ張るのはNG。
* 子どもがボールに集まりだんごになってつぶれたら、先生ボール（保育者がその位置からボールを上に投げる）。
* ボールをけるのはなし。

ココがオススメ！
* 互いに声をかけ合って相手に捕まる前にパスするなど、仲間を意識し、やりとりも生まれます。

2 ゴールに入れる

タイヤにボールをたたき入れられたら1得点！時間を決めて勝敗をつけましょう。

「1点」

※タイヤをマットに置き替えると、ゴールの範囲が広がるのでやりやすくなります。

バリエーション　年齢別アレンジ

ゴール　スタート

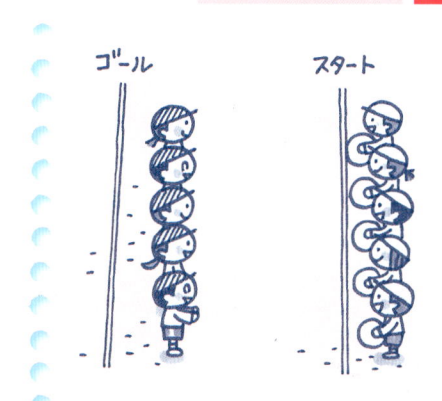

線まで走れ～！

5対5で対戦。1チームがひとつずつボールを持ち、ゴールラインまで走ります。
もう1チームはそれを奪い、ゴールできたボールの数を競います。

戸外あそび

51

対象年齢 5 4 3 2 1 0 歳児

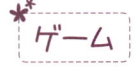

園で人気！ ゲーム

56 風船リレー

けんじ先生のオススメ（大阪・幼稚園）

走るリレーが苦手な子も、これなら安心して楽しめます。

準備 風船（2〜4個ひもでつないでおく）、うちわ、カラー標識

1 風船をあおぐ

2チームに分かれ、それぞれ一列に並びます。
先頭からひとりずつ、うちわで風船をあおいでいきましょう（地面に付いてもOK）。

スタート・ゴール

ココがオススメ！

＊思いどおりに進まないもどかしさ…！最後まで勝負がわからないので夢中になって遊べます。

2 うちわを渡し、交替

うちわをバトン替わりにし、次の人と交替。
早く全員が終わったチームの勝ち！

年齢別アレンジ **バリエーション**

親子での遊びにもピッタリ

保育参加などの親子での遊びにもオススメ。親子がペアになって行なうと、必死で協力し合う姿も見られそうですね。

対象年齢 **5** 4 3 2 1 0 歳児

園で人気！ ゲーム

57 開戦ドン！

ゆきこ先生のオススメ
（神奈川・幼稚園）

勝ったら追いかける、負けたら逃げる、瞬発力が養える遊びです。

準備 なし

1 「開戦ドン」でジャンケン

2チームに分かれ、それぞれ陣地に入ります。「開戦ドン！」の合図で陣地を出て、対戦相手を見つけます。相手が見つかったら「ドン！」で手を合わせ、ジャンケン。

2 相手を捕まえる

ジャンケンに勝ったら相手を追いかけ、負けたら自分の陣地に逃げ込みます。

3 復活しながら繰り返す

捕まった子は敵の陣地に入れられ、仲間からの助けを待ちましょう。仲間がタッチしてくれたら復活！ また相手を見つけて繰り返します。

ココがオススメ！
＊ケイドロと違い、最初から役割が決まっていないので、追う役も逃げる役も楽しめます。

年齢別アレンジ **バリエーション**

1本の線のコースで

1本の線の両端からひとりずつスタート。ぶつかったところでジャンケンをし、勝ったら追いかけ、負けたら線を走って戻ります。途中で捕まったら相手チームの仲間になります。

53

対象年齢 5 4 3 2 1 0 歳児

園で人気！ ゲーム

58 渡り鳥

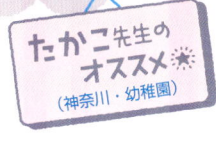

たかこ先生のオススメ
（神奈川・幼稚園）

外野なしのドッジボール。本格的なドッジボールの前段階として楽しめます。

準備 ドッジボール

1 ボールを当て合う

2チームに分かれ、下図のようなコートに入ります（エンドラインのないH型のもの）。
チーム対抗でひとつのボールを投げて当て合います。

ココがオススメ！

＊コートにエンドラインを設けないので、後ろにも逃げられ、当たる恐怖心が軽減されます。

2 当たったら相手チームに入る

ボールが当たったら相手チームに入ります。エンドレスで続けましょう。

相手チームになる

年齢別アレンジ バリエーション

3歳児にアレンジ！

先生対子ども全員で、ボールは転がすルールにします。みんなで気軽に楽しめますね。

54 ★第2章★戸外あそび

対象年齢 5 4 3 2 1 0 歳児

園で人気！ ゲーム

59 エンドレスしっぽ取り

じゅんこ先生のオススメ（大阪・幼稚園）

アウトにならない！　エンドレスで繰り返し楽しめるしっぽ取りです。

準備　しっぽ（不要のスカーフなど）、カゴ

1 しっぽを取り合う

逃げるエリアに線を引き、両端にカゴを置きます。保育者の合図で、しっぽ取りスタート！逃げながらしっぽを取り、取ったしっぽはカゴに入れます。

2 復活しながら続ける

しっぽを取られた子はカゴの中のしっぽを付けて再スタート。エンドレスで楽しみましょう（保育者の合図で終了）。

ココがオススメ！

＊しっぽを取られても復活できるというルールで、体力が続く限りずっとゲームを楽しむことができます。

年齢別アレンジ　バリエーション

3歳児にアレンジ！

保育者がオオカミの面を付け、子どもはヤギに。「食べちゃうぞ～」となりきりながらしっぽを取ります。

5歳児にアレンジ！

チーム対抗で勝負します。取ったしっぽの数を覚えておき、たくさんしっぽを取ったほうが勝ち！

対象年齢 **5** 4 3 2 1 0 歳児

園で人気！ ゲーム

60 てんてんまりリレー

たえこ先生のオススメ
（和歌山・こども園）

ボールを「つく」という、あまり経験していない活動がたくさんできます。

準備 ボール

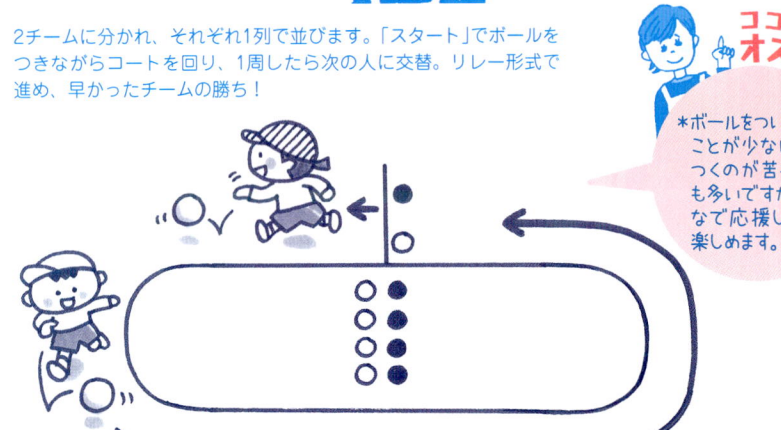

2チームに分かれ、それぞれ1列で並びます。「スタート」でボールをつきながらコートを回り、1周したら次の人に交替。リレー形式で進め、早かったチームの勝ち！

ココがオススメ！

＊ボールをついて遊ぶことが少ないので、つくのが苦手な子も多いですが、みんなで応援し合って楽しめます。

年齢別アレンジ / バリエーション

障害物を入れて

コースの途中に障害物を置いたり、カラー標識を回ったりするなどのルールを加えると難易度が上がります。

園で人気！ ゲーム　対象年齢 **5** 4 3 2 1 0 歳児

61 グループ対抗　ジャンケンゲーム

あかね先生のオススメ
（神奈川・幼稚園）

ぶつかったところでジャンケン勝負！チーム戦で盛り上がりましょう。

準備 なし

円をいくつか描いておきます。2チームに分かれ、それぞれ両端の円からスタートしてぶつかった円でジャンケン。勝ったらひとつ進みます（負けたら戻って最後尾につく）。負けたチームの次の子がスタートし、同じ要領で繰り返しましょう。相手チームの円までたどり着いたチームが勝ち！

ココがオススメ！

＊グループ対抗では勝敗を楽しめますが、個人戦でだれがいちばん進めたかを競っても盛り上がりますよ。

年齢別アレンジ / バリエーション

4歳児にアレンジ！

ジャンケンでなく、手と手を押し合って円を出たら負け、など勝負方法を変えるといいですね。

56　＊第2章　戸外あそび

対象年齢 5 4 3 2 1 0 歳児

園で人気！ ゲーム

62 葉っぱ取りジャンケン

えりこ先生のオススメ
（東京・幼稚園）

準備 落ち葉、入れ物（ビニール袋 など）

いろいろな種類の落ち葉にふれ、親しみながら遊べます。

1 落ち葉を集める
ひとり5～6枚ずつ（枚数は決めておく）落ち葉を拾います。

2 ジャンケンで葉を獲得！
唱え歌をうたってから相手を見つけてジャンケン。
♪はがなくなったら おわり！ いちばんおおいのは だ～れ？
勝った子は、負けた子から葉を1枚もらいます。自分の葉がなくなったら終了。

なくなった～
ジャンケン…
まけた～
かった！

年齢別アレンジ バリエーション

5歳児にアレンジ！
葉の色で勝負をつけても楽しめます。
（例）赤は黄に強い、黄は茶に強い、茶は赤に強い　など。

ココがオススメ！
＊ジャンケンの代わりに、葉の大きさで競うようにすると、集める段階もより楽しめますね。

戸外あそび

対象年齢 **5 4 3** 2 1 0 歳児

園で人気！ ゲーム

63 信号ゲーム

のりこ先生のオススメ
（大阪・保育園）

「だるまさんがころんだ」に、交通ルールをプラスしました。

準備 信号カード

保育者は信号カードを持ち、子どもは横一列に並びます。
子どもは信号カードの指令に合わせて動きます。
○青…進む　○黄…注意しながら慎重に進む　○赤…ストップ
赤で止まれなかった子は負け。保育者のところまでいち早くたどり着けた子が勝ち！

年齢別アレンジ　バリエーション

マットへお引っ越し
マットを離して2枚置き、青が出たらマットからマットへお引っ越し！　信号カードを使ったアレンジが楽しめます。

ココがオススメ！
＊交通ルールが楽しく覚えられますよ。

園で人気！ ゲーム　対象年齢 5 **4 3** 2 1 0 歳児

64 色探しゲーム

ゆうこ先生のオススメ
（和歌山・こども園）

色鬼と宝探しをドッキング！
3歳児から楽しめます。

準備 サイコロ（積み木の各面に色を付けたものなど）、玩具（カラーボール、スコップ　など）

いろいろな玩具を園庭の探しやすい場所に置いておきます。
サイコロを転がし、子どもは出た色の玩具を探しましょう。

年齢別アレンジ　バリエーション

4歳児にアレンジ！
各色のフープを並べます。鬼はサイコロを振り、ほかの子は出た色のフープに入ります。移動中にタッチされたら鬼交替。

ココがオススメ！
＊鬼に捕まる心配がないので、安心して色探しを楽しめます。

対象年齢 **5 4 3** 2 1 0 歳児

園で人気！ 少人数でもOK

65 縄跳びサーキット

ひろみ先生のオススメ
（東京・幼稚園）

縄跳びの前段階の動きが詰まっています。

準備 縄跳び（長・短）、平ゴム、フープ など

縄を使いさまざまな動きができるコースを作ります。子どもはチャレンジしていきましょう。
※イラストのコースは5歳児向け。年齢に合わせて簡易なものにするなど配慮しましょう。

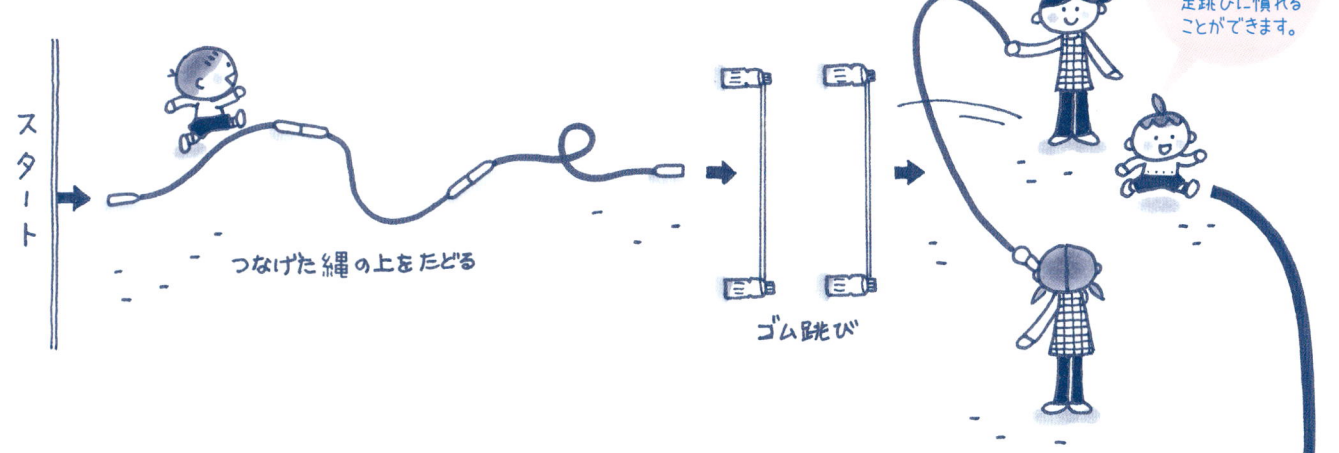

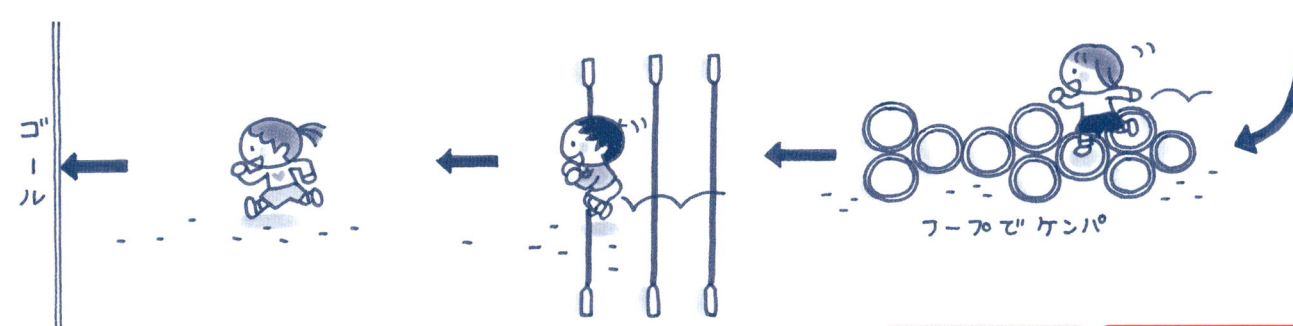

ココがオススメ！
＊楽しみながら縄跳びの基本となる縄の扱い、両足跳びに慣れることができます。

スタート → つなげた縄の上をたどる → ゴム跳び → （大縄） → フープでケンパ → 縄を飛び越す → ゴール

バリエーション

園庭全体のサーキット場
縄以外に固定遊具を取り入れると、園庭全体がサーキットへ大変身！

戸外あそび

対象年齢 **5 4 3** 2 1 0 歳児

園で人気！ 少人数でもOK

66 フープで遊ぼう

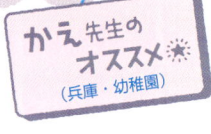

かえ先生のオススメ
（兵庫・幼稚園）

フープだけを使ったバリエーションが盛りだくさん！

準備 フープ

ひとりで、ふたりで、みんなで、フープを使っていろいろな動きを一斉に楽しみましょう。
○ひとり…回る、前・横跳び、ロケット、腰回し、転がす
○ふたり…電車、引っ張りっこ、なべなべそこぬけ
○みんなで…ジャンプ

ココがオススメ！
＊ほかにも、子どもたちの発想次第で新アイディアも飛び出していました。

- 回る（ひとり）
- 前・横跳び（ひとり）
- ロケット（ひとり） 3・2・1・0 出発！
- 腰回し（ひとり）
- 電車（ふたり）
- 引っ張りっこ（ふたり）
- な〜べ〜な〜べ〜 なべなべそこぬけ（ふたり）
- ジャンプ（みんなで）

年齢別アレンジ **バリエーション**

朝の体操・運動会にも
子どもの好きな曲に合わせて行なうといいですね。

対象年齢 5 4 3 歳児

園で人気！ 少人数でもOK

67 縄跳びチャレンジ表

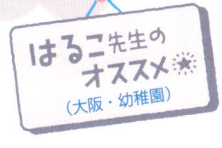

はるこ先生のオススメ（大阪・幼稚園）

チャレンジ表の登場で、挑戦する子どもが続出！

準備：短縄、チャレンジ表（掲示用）、カラービニールテープ

ココがオススメ！
* ひと目でその子の段階がわかるので、援助もしやすく、担任以外の保育者でもテープを付けてあげられます。

8段階に分かれた「縄跳びチャレンジ表」をはり出しましょう。
クリアできたら、縄跳びにカラービニールテープをはってもらえます。

ガンバレ！
ごほうびのビニールテープ（手前からはる）
…16、17…
…7…
…12…
…30、31…
30 できた！

なわとびチャレンジひょう

1	かたてで もって グルグル	あか
2	1かい とべた	き
3	3かい とべた	あお
4	10かい とべた	みどり
5	20かい とべた	ピンク
6	30かい とべた	ちゃ
7	50かい とべた	オレンジ
8	こうさとび か あやとび 3かい	ぎん

年齢別アレンジ　バリエーション

二重跳びは金！

そのうち、二重跳びができる子も。ようすを見て項目を増やし、金のテープを付けてあげるなどすると満足感も高まりますね。

対象年齢 **5 4 3** 2 1 0 歳児

園で人気！ 少人数でもOK

68 ジャンプ『おはぎのよめいり』

はるこ先生のオススメ（大阪・幼稚園）

歌に合わせてジャンプジャンプ♪
ふたりが行き違うところがおもしろい！

準備 なし

水で線を描き、ふたり組になって歌いながら両足ジャンプしましょう。線をまたぐように跳んでいきます。

『おはぎのよめいり』
作詞／不詳、
アメリカ民謡

おはぎがおよめにゆくときは　あんこときなこでおけしょして
まーるいおぼんにのせられて　ついたところはおうせつま

ココがオススメ!
＊友達と息を合わせるのが楽しいようす。いろいろな友達と何度も楽しんでいました。

①おはぎが
②およめに

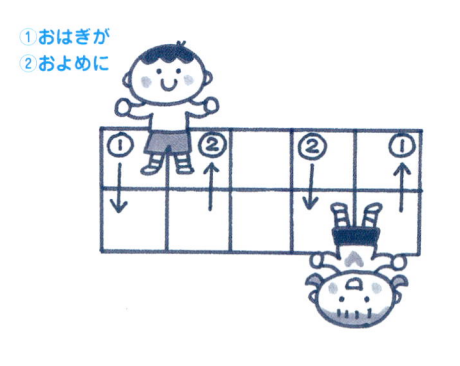

③ゆく

④とき
⑤は

⑥あんこと
⑦きなこで

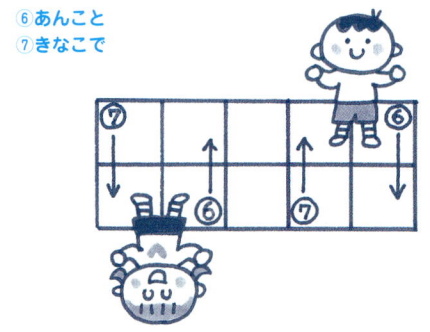

⑧おけ

⑨しょ
⑩て

年齢別アレンジ バリエーション

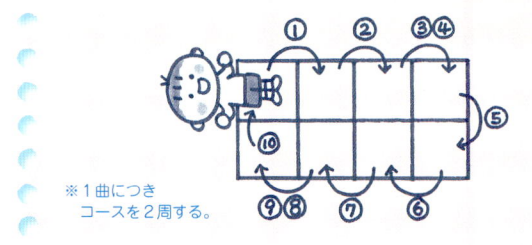

※1曲につきコースを2周する。

3歳児にアレンジ！
ひとマスに両足を入れて、1拍ずつ、進むようなコースにすると楽しめますね。

※同じ要領で①～⑩を繰り返す

まるいおぼんに　のせられて
ついたところは　おうせつま

対象年齢 **5** 4 3 2 1 0 歳児

園で人気！ 少人数でもOK

69 色出し遊び

ゆきこ先生の オススメ
（神奈川・幼稚園）

草花に対する多くの発見や驚きが味わえます。

準備 ペットボトル、すり鉢、すりこ木、ジョウゴ、茶こし、草花 など

1 草花を擦る
好きな草花、木の実をすり鉢に入れ、水を加えてすりこ木で擦ります。

2 容器に移す
色が出たら、ジョウゴ・茶こしを使ってペットボトルなどの透明な容器に移して観察してみましょう。

子どもの発見
○ヤブガラシ…擦るとネバネバ　○コバンソウ…黄緑が白濁した色になる　○クワの実・サクラの実・ヤマモモの実…黒いほうがよく色が出る　○ドクダミ…擦るとにおいがすごい

戸外あそび

バリエーション

発見ノート
友達の発見を後でだれもが見返せるように、クラス共通の「発見ノート」を作ってみましょう。かかわりが深まり、刺激にもなりますね。

ココがオススメ！
＊色の濃さや、液体の質感を見るなど、子どもたち自身がいろいろな発見をして伝え合っていました。

63

対象年齢 5 4 3 2 1 0 歳児

園で人気！ 少人数でもOK

70 ゴム跳び「ひーらいて」

はるこ先生の オススメ (大阪・幼稚園)

輪にしたゴム1本で遊べて、大人気！

準備 平ゴム

輪にしたゴムを張って、次の動きを楽しみましょう。

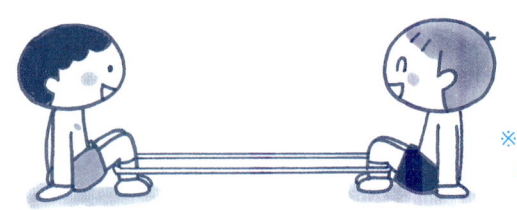

※2本の幅を変えると難易度も変わりますよ。

ココがオススメ！
＊一度ではできないので、何度も挑戦する姿や、友達と教え合う姿も見られました。

1 ひーらいて（ジャンプ！）

2 パー

3 グー

4 踏む

5 パー

6 足閉じて

7 ぐるり

8 ジャンプ！

年齢別アレンジ　バリエーション

4歳児にアレンジ！

ゴムを1本張り、その上を飛び越しましょう。ひざ、腰、肩、と徐々に高く設定していくといいですね。

対象年齢 **5** **4** 3 2 1 0 歳児

園で人気！ 少人数でもOK

71 広告紙プロペラ

けいこ先生のオススメ（保育アドバイザー）

4歳児でも自分で作れ、何度も繰り返して遊べますよ。

準備　広告紙、型紙（厚紙で作っておく）、ゼムクリップ

手を離すと、クルクルと回転しながら落ちていきますよ。
① 型紙で型を取る
② 切り抜き、折る
③ 先にゼムクリップを付ける

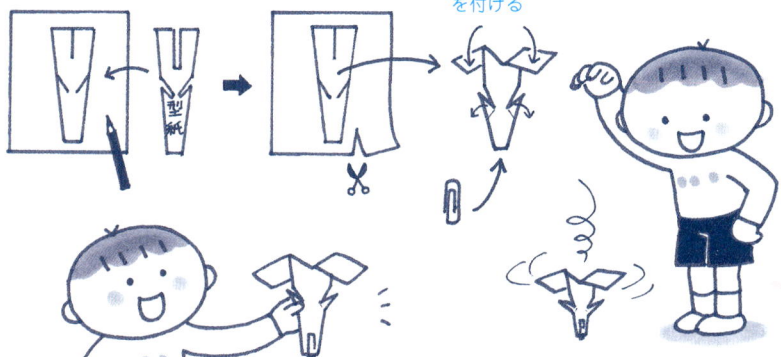

年齢別アレンジ　バリエーション

キャッチゲーム
ひとりが高い場所から落とし、キャッチできた子どもが勝ち！

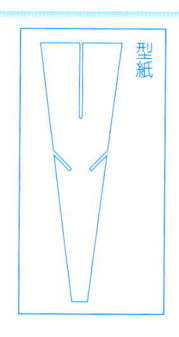

ココがオススメ！
＊高い遊具に登って落としたり、ペンなどでデザインを描いたりして楽しんでいました。

型紙

園で人気！ 少人数でもOK　対象年齢 **5** 4 3 2 1 0 歳児

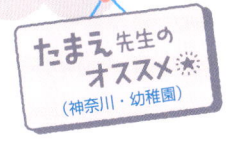

72 ケンケンずもう

たまえ先生のオススメ（神奈川・幼稚園）

片足だけで押したり引いたり。バランス感覚も養われます。

準備　なし

土俵（円）の中で、1対1でケンケンのまま押し合います。
上げているほうの足が地面に着いたり、土俵から出たりすると負け！

年齢別アレンジ　バリエーション

グループ対抗
3人ほどのグループを作り、1対1で対決して勝ち抜き戦に！

ココがオススメ！
＊円を描くだけなので、子どもだけでもすぐに始められます。

対象年齢 5 4 **3 2 1** 0 歳児

園で人気！ 0・1・2歳児のあそび

73 ハンドル持って出発〜！

みか先生の オススメ
(大阪・保育園)

大好きな車に乗って、なりきりサーキット！

準備 ハンドル（新聞紙で作ったもの）、段ボール（数枚重ねて布テープをはったもの）、縄、マット など

1 ハンドルを持ってドライブ

一本橋や、飛び石などのコースを作っておきます。
子どもは新聞紙で作ったハンドルを持って、コースの中を走り回りましょう。

ココが オススメ！
＊車に乗っているようになりきることで、サーキットのおもしろ味が倍増します。

2 家に逃げる

保育者はカラスに変身！ 追いかけて、子どもはマットの家に帰ります。

年齢別アレンジ **バリエーション**

電車に変身！

保育者を先頭に、子どもは後ろに連なりましょう。歌をうたいながら進むと、より一体感を感じて楽しめますね。

対象年齢 5 4 3 2 1 0 歳児

園で人気！ 0・1・2歳児のあそび

74 クモの巣くぐり

けいこ先生のオススメ（保育アドバイザー）

※ゴムを使用するため、0・1歳児はゴムをなめる、首に引っ掛かるなどの危険性があります。2歳児以上で遊ぶようにしましょう。

ゴムだからやわらかくて安心！意欲を持って取り組めます。

準備 平ゴム

園庭の樹木や遊具などにゴムを結び、子どもはゴムをくぐったり、跳んだりして遊びましょう。

ココがオススメ！
＊頭から、足から、おしりからなど、いろいろなくぐり方を試していました。

年齢別アレンジ｜バリエーション

3・4歳児にアレンジ！

ゴムの数か所に鈴を付け、体が触れて音を鳴らさないようにくぐるルールにすると、周りを見る注意力が必要になり、幼児向けに。

園で人気！ 0・1・2歳児のあそび　対象年齢 5 4 3 2 **1** 0 歳児

75 動物さんにポンポ〜ン

みどり先生のオススメ（大阪・保育園）

目標物があると、ボール投げにも変化がつきます。

準備 玉入れの玉、的（段ボールなどに動物の絵を描いたもの）

玉を拾って投げて、動物の的をどんどん倒していきましょう。

ココがオススメ！
＊的に当てる楽しさと、的を倒したいという喜びやおもしろさを味わいます。

年齢別アレンジ｜**バリエーション**

追いかけっこ的当て
保育者が的を持って逃げると、追いかける楽しさもプラスされます。

戸外あそび

対象年齢 5 4 **3** **2** **1** **0** 歳児

園で人気！ **0・1・2歳児のあそび**

76 ツルさん カメさん

あゆみ先生の
オススメ
（兵庫・保育園）

乳児でも楽しめる簡単な鬼ごっこです。

準備 なし

1 ツルとカメのポーズをする

保育者は「ツルさん」「カメさん」と交互にコールし、子どもはポーズをまねします。
○ツル…片足を上げる
○カメ…ひざを抱えてしゃがむ

「ツルさ〜ん」
「カメさ〜ん」

2 「お化けさん」で逃げる

保育者はコールを繰り返し、「お化けさん」の言葉とともに子どもを追いかけます。

「お化けさ〜ん！」
「にげろ〜！」
「おばけさん きた〜!!」

ココが オススメ！

＊「お化けさん」を「お母さん」「おばあさん」などわざと間違えると、子どもたちは大喜びです。

「お母さ〜ん！」「にげろ〜…？ あれ？」「おかあさん？」「アハハッ！」「おかあさん だいすき♡」

バリエーション

「ウサギさ〜ん」ピョン
「ゾウさん」パオーン

好きな動物で
ツルとカメを、「ゾウさん」「ウサギさん」など、子どもたちの興味のある動物に置き換えて、まねっこ遊びも十分に楽しみましょう。

第2章 戸外あそび

対象年齢 5 4 3 2 1 0 歳児

園で人気！ 0・1・2歳児のあそび

77 散歩に出かけよう

さきこ先生のオススメ
（和歌山・こども園）

準備 ジョウロ

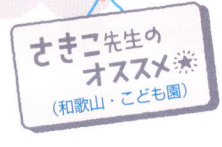

水で作る道なので、新しいコースがすぐに作れちゃいます。

保育者は園庭に水で道を描きます。子どもはその上を歩いたり、走ったりして遊びましょう。別の保育者が後ろからついて行ったり、追いかけたりしても楽しいですね。

ココがオススメ！
＊くねくね道やぐるぐる道は、たどるだけでもとても喜びます。

年齢別アレンジ　バリエーション

4・5歳児にアレンジ！
両サイドから道をたどり、出会った所でジャンケン！

2・3歳児にアレンジ！
三輪車など遊具に乗って走っても。

園で人気！ 0・1・2歳児のあそび

対象年齢 5 4 3 2 1 0 歳児

78 ひげじいさん鬼

よしこ先生のオススメ
（奈良・保育園）

準備 マット

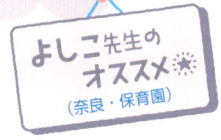

慣れ親しんだ手遊びで、すぐにゲームを楽しめます。

マットで島をふたつ作り、♪『とんとんとんとんひげじいさん』の手遊びをします。最後の「赤鬼さん」で、向かいの島へ逃げましょう。

赤鬼さん

ココがオススメ！
＊「赤鬼さん」のところは、少し怖く歌うと盛り上がります。

年齢別アレンジ　バリエーション

3歳児にアレンジ！
数色のカラー標識を置いておきます。保育者は「青鬼さん」など色を変えてコールし、子どもはその色のカラー標識に集まってみんなでバンザイ！

戸外あそび

69

対象年齢 5 4 3 **2** 1 0 歳児

園で人気！ 0・1・2歳児のあそび

79 とんとんとん、どなたですか？

あき先生のオススメ
（奈良・保育園）

『オオカミと七匹の子ヤギ』の物語に入って楽しみます。

準備 フープ

大きな円を水線などで描き、その周囲にフープを置きます。
子どもはヤギになって円の中で寝たふりをし、オオカミ役の子（数人）と問答します。
オオカミ：とんとんとん
ヤギ：どなたですか？
オオカミ：お母さんですよ
ヤギ：あーよかった
（再び寝たふり）
何度か繰り返し、「オオカミだー！」と答えたら、走ってフープに逃げ込みましょう。

年齢別アレンジ　バリエーション

問答を変えて
「どなたですか？」を「何の音？」に置き換えます。「お化けの音」で逃げろ〜！

ココがオススメ！
*「オオカミだー！」の答えが返ってくるまでのドキドキ感が楽しいようです。

園で人気！ 0・1・2歳児のあそび　対象年齢 5 4 3 **2 1 0** 歳児

80 よちよちしっぽ取り

ちかご&さちえ先生のオススメ
（京都・保育園）

乳児版しっぽ取りです。
「待て待て〜」遊びでスキンシップ♪

準備 しっぽ（タオル など）

子どものズボンにしっぽを挟み、保育者はしっぽを付けていない子といっしょに追いかけます。
「しっぽもーらった」としっぽを取り、付けていない子に付け替え、繰り返しましょう。

ココがオススメ！
*ハイハイの0歳児でも、保育者に「待て待て〜」と追いかけてもらうことが楽しいようです。ハイハイの運動もたくさんできます。

年齢別アレンジ　バリエーション

保育者がしっぽを付けて
保育者ひとりがたくさんしっぽを付けて、子ども全員に追いかけてもらっても楽しいですね。

第3章
わらべうたあそび

代々歌い継がれる「わらべうた」。
中でも、現代の子どもたちにウケているものとは…？
今をピカピカ生きるわらべうた、大結集★

P.72 ふれあいあそび＆ゲーム

P.82 0・1・2歳児のあそび

※わらべうたの歌詞やメロディー、内容は、地域によって異なります。

※遊びのタイトルは、わらべうたの曲名です。

対象年齢 **5 4** 3 2 1 0 歳児

園で人気！ ふれあいあそび&ゲーム

81 あんたがたどこさ

えりこ先生のオススメ（東京・幼稚園）

定番のわらべうたのリズムに合わせて、体を思い切り動かして遊べます！

準備 なし

（楽譜）
あんたがたどこさ ひごさ ひごどこさ くまもとさ くまもとどこさ
せんばさ せんばやまには たぬきがおってさ それをりょうしがてっぽうでうってさ
にてさ やいてさ くってさ それをこのはでちょいとかくせ

1 マスを書く
地面に図のようなマスを書き、中心に「さ」と書いておきます。

120cm
120cm

2 歌に合わせて進む
スタートのマスから『あんたがたどこさ』の歌に合わせ、ケンケンで1マスずつ進みます。「さ」のところでは必ず中心の「さ」のマスを踏みます。最後の「ちょいとかくせ」の「せ」でマスの外に出るとゴール！

「あんたがた どこ」 「さ」 ピョン 「かくせ」

年齢別アレンジ **バリエーション**

「さ」で変身！
「さ」のマスを踏むときは「タヌキのポーズ」をする、といったルールを子どもたちと考えると、さらに楽しめます。

ココが **オススメ！**

* 「さ」が続くところでスムーズに行けると、見ている子もいっしょに盛り上がります。
* マスの大きさによって難しさが変わってくるので、子どもの年齢などに合わせて、いろいろな大きさのマスを用意しておくとみんなで楽しめます。

72 ＊第3章＊ わらべうたあそび

対象年齢 **5 4** 3 2 1 0 歳児

園で人気！
ふれあいあそび＆ゲーム

82 たけのこ いっぽん

すぎこ先生の
オススメ
（兵庫・保育園）

力いっぱい引っ張ったり踏ん張ったりすることで、力のバランスをじょうずに取れるようになります。

準備 なし

（タケノコ掘り役）　　　　　　　　　（タケノコ役）

たけのこいっぽん　お く れ　ま だ め が　で ないよ
たけのこに ほん　お く れ　も う す ぐ　で る ー よ
たけのこさんぼん　お く れ　も う め は　で た ー よ　　うしろのほうから　ひいてくれ

1 タケノコ役と掘り役に分かれる

タケノコ掘り役をひとり決め、そのほかの子どもは、タケノコ役になります。タケノコは縦に一列に並び、しゃがんで前の子の腰をしっかりつかみます。先頭は柵や柱などにつかまります。

2 タケノコを抜く

『たけのこ いっぽん』を歌いながら問答をした後、タケノコ掘り役の子どもは列の一番後ろの子どもを引っ張り、次々と抜いていきます。
全部の子どもが抜けたら、抜かれた子どもたちでジャンケン。次のタケノコ掘り役を決めましょう。

年齢別アレンジ　**バリエーション**

タケノコ掘り名人はだれ!?

人数が多いときは、何組かに分かれてどの組が一番早く全員を引き抜くかを競い、「タケノコ掘り名人」を決めます。

ココが
オススメ！

＊一番後ろの子どもひとりが抜けることもあれば、真ん中から連なって抜ける場合もあったりと、意外な展開が楽しい遊びです。

対象年齢 **5 4 3** 2 1 0 歳児

園で人気！ ふれあいあそび&ゲーム
83 こんこんさん

いくこ先生の
オススメ
（兵庫・幼稚園）

鬼とのやりとりにドキドキ！
盛り上がる、問答ありの遊びです。

準備 なし

♪ こん こん さん あ そ び ま しょ

1 鬼を囲んで円になり、歌いながら回る

鬼（ひとり）は円の真ん中に座り、子どもたちは手をつないで歌いながら一方向に回ります。

2 問答をして逃げる

「あそびましょ」で円の子どもは止まり、鬼と問答します。
鬼：今、寝てます
子：♪こんこんさん あそびましょ
鬼：今、顔洗ってます
子：♪こんこんさん あそびましょ
鬼：今、ごはん食べてます
子：何のおかずで？
鬼：ヘビの生きたん
子どもは逃げ、鬼が追いかけます。
捕まった子どもが次の鬼になります。

ココがオススメ！

＊鬼とのかけ合いが楽しい遊びです。
＊最後の「ヘビの生きたん」の言葉をしっかり最後まで聞いてから逃げるようにすると、遊びにめりはりができます。

「ヘビのいきたん」

年齢別アレンジ　**バリエーション**

もっと問答を楽しもう

5歳児なら、鬼の答えを「トイレ行ってます」「歯をみがいてます」などたくさん増やします。鬼がいつ「ごはん食べてます」と言うか、ドキドキしながら待つことで遊びがより盛り上がります。

74　＊第3章＊わらべうたあそび

対象年齢 **5 4 3** 2 1 0 歳児

84 いちわのからす

園で人気！
ふれあいあそび＆ゲーム

みどり先生の
オススメ
（兵庫・幼稚園）

準備 長縄

大縄跳びをユーモラスな数え歌に乗せて。
数への興味も広がります！

いちわの からすが かあか にわの にわとり こけこっこ さんわの さかなが
およぎだす し は しらがの おじいさん ほら いちぬけ ろ ほら に ぬけ ろ ほら
さん ぬけ ろ ほら し ぬけ ろ ほら
ご ぬけ ろ ほら ろく ぬけ ろ ほら
しち ぬけ ろ ほら はち ぬけ ろ ほら
く ぬけ ろ ほら じゅう ぬけ ろ！

歌詞に合わせて、登場人物のまねをしながら長縄を跳びます。

♪いちわのからすがかあか

♪にわのにわとりこけこっこ

♪さんわのさかながおよぎだす

ココが
オススメ！

＊数え歌をうたいながら跳ぶことでどれくらい跳べたかがよくわかり、次に跳ぶときの目標になります。

※同じ要領で進める。

♪じゅうぬけろ！

縄から出る。

年齢別アレンジ　バリエーション

**3歳児に
アレンジ！**

回転している縄を跳べない3歳児には、縄をヘビのように揺らし、その上を跳んで楽しむといいですね。

わらべうたあそび

対象年齢 **5 4 3** 2 1 0 歳児

園で人気！
ふれあいあそび＆ゲーム

85 ねずみねずみようかくり

りつこ先生の
オススメ
（兵庫・保育園）

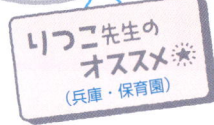

うまく逃げ切れるかのドキドキ感が味わえます！

準備 なし

♪ ねずみねずみ ようかくり ねこが いって さがすぞ

1 ネコ（鬼）を決め、ネズミが並ぶ

ネコをひとり決め、そのほかの子どもはネズミになります。線を2本引き、一方にネズミが並びます。ネコは線と線の間に立ちます。『ねずみねずみようかくり』を歌いましょう。

2 ネコがネズミを捕まえる

歌が終わるとネズミは一斉にネコに捕まらないよう向かい側の線まで移動し、ネコはネズミをタッチしに行きます。
タッチされたネズミはネコに変身！ ネコをどんどん増やしていきます。

年齢別アレンジ　バリエーション

かくれんぼう

鬼（ネコ）が何度か歌を繰り返すうちにネズミは隠れるようにすると、かくれんぼうにも応用できます。

ココが オススメ！

＊異年齢で遊んだとき、低年齢の子は「おにいちゃん、おねえちゃんをつかまえろー！」と張り切っていました。

対象年齢 **5 4 3** 2 1 0 歳児

園で人気！ 86 ことしのぼたん

ふれあいあそび＆ゲーム

まさみ先生のオススメ（東京・保育園）

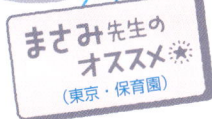

鬼との問答が楽しい、やりとり遊びです。

準備 なし

こ と し の ぼ た ん は よ い ぼ た ん
お み み を か ら げ て すっ ぽん ぽん
も ひ と つ か ら げ て すっ ぽん ぽん
だ れ か さん の う し ろ に へ び が い る

1 円になって歌う

子どもは手をつないで輪になり、歌をうたいながら一方向に回ります（「ことしの〜すっぽんぽん」まで）。鬼は円の外で待機します。

もひとつからげて すっぽんぽん♪

2 鬼と問答して鬼ごっこ

（問答1）
鬼：入れて
子：いやよ
鬼：海へ連れて行ってあげるから
子：海坊主が出るからいやよ
鬼：山に連れて行ってあげるから
子：山坊主がいるからいやよ
鬼：棒でたたくよ
子：いいよ
　（鬼は輪の中に入る）
♪歌をうたう（「ことしの〜すっぽんぽん」まで）。

（問答2）
鬼：もう帰る
子：どうして？
鬼：お昼ごはんだから
子：お昼ごはんのおかずは、なあに
鬼：ヘビとカエル（気持ち悪いものを答える）
子：生きてるの？　死んでるの？
鬼：生きてるの！
子：じゃあ　バイバイ（鬼は輪から抜ける）
子：♪だれかさんのうしろにへびがいる
鬼：わたし？
子：違う
（「♪だれかさんの〜」から2〜3回繰り返す）
鬼：わたし？
子：そう！
（子どもは逃げ、鬼は捕まえる）

わたし？
そう！

年齢別アレンジ／バリエーション

オリジナルの問答で

わらべうたの言葉の響きを楽しみながら、子どもたちとどんな問答にするか、オリジナルの内容を考えるのもいいですね。

ココがオススメ！

＊言葉のやりとり、掛け合いが多い遊びですが、覚えるとやりとりがスムーズにできるようになってとてもおもしろいです。

わらべうたあそび

対象年齢 **5 4** 3 2 1 0 歳児

園で人気！ ふれあいあそび＆ゲーム

♪87 げろげろがっせん

じゅんこ先生のオススメ（大阪・保育園）

つながったり、みんなで歌をうたったり。一体感が感じられる遊びです。

準備 なし

♪ げろげろ がっせん ごめん やす あとから よい どが ぼって くる もんを しめた
なん もんで とおす さん もんで とおす もう ちっと おまけ おまけは ならぬ じゃんけん ぽん

1 トンネルを通り、鬼は捕まえる

鬼ふたりが手をつないでトンネルを作ります。ほかの子は電車のようにつながって、歌いながらトンネルをくぐります。「♪もんをしめた」のところで鬼は手を下ろし、ひとりを捕まえます。

もーんをしーめーた！

2 鬼とジャンケン

歌いながら問答しましょう。
みんな：♪なんもんでとおす
鬼：♪さんもんでとおす
みんな：♪もうちっとおまけ
鬼：♪おまけはならぬ

「じゃんけんぽん」で鬼と捕まった子が3人でジャンケン。負けたふたりは鬼になり、勝ったひとりは「エッヘンエッヘン」といばれます。これを繰り返します。

エッヘンエッヘン
鬼
かった～！

年齢別アレンジ バリエーション

トンネル3つ
鬼を増やし、トンネルを3組ほどに増やしてもおもしろいです。

ココがオススメ！
＊捕まえられるかも…、捕まえてほしい！などのドキドキ感も楽しんでいます。

対象年齢 5 4 3 2 1 0 歳児

園で人気！ 88 おえびす だいこく

ふれあいあそび＆ゲーム

じゅんこ先生のオススメ（大阪・保育園）

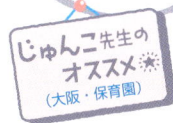

鬼決めも、楽しい遊びのひとつ！

準備 なし

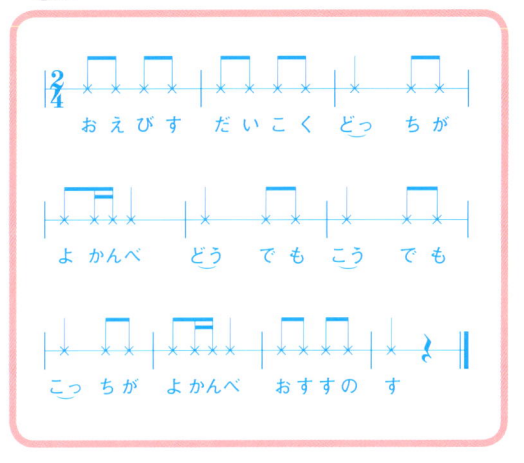

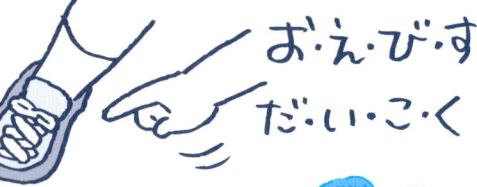

年齢別アレンジ／バリエーション

「す」に当たったら抜ける
「す」に当たったら抜けていく方法もあります（最後まで残った子が鬼）。歌を何度も楽しめますよ。

おえびす だいこく どっ ちが
よかんべ どう でも こう でも
こっちが よかんべ おすすの す

お・え・び・す
だ・い・こ・く

ココがオススメ！
＊ジャンケンができない時期の子どもにも、簡単でわかりやすいようです。

園で人気！ 89 さよならあんころもちまたきなこ

ふれあいあそび＆ゲーム

対象年齢 5 4 3 2 1 0 歳児

ひさこ先生のオススメ（東京・幼稚園）

降園時にオススメ！ みんなの気持ちがひとつになるうれしさや楽しさが味わえます。

準備 なし

年齢別アレンジ／バリエーション

大きさいろいろあんころもち♪
グループに分けて少人数で小さいあんころもち、クラス全員で大きいあんころもち、と変化をつけます。声の大きさにも変化をつけるとより楽しめます。

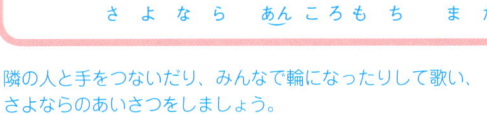

さよなら あんころもち またきなこ

隣の人と手をつないだり、みんなで輪になったりして歌い、さよならのあいさつをしましょう。

♪さよなら あんころもち…

またきなこ♪

ココがオススメ！
＊歌をうたいながら、ふれあったり、顔を見合わせたり、声を合わせたりすることで、みんなの気持ちがひとつになれます。

わらべうたあそび

79

対象年齢 **5 4 3** 2 1 0 歳児

園で人気！

ふれあいあそび&ゲーム

90 おてらのおしょうさん

かよこ先生のオススメ
（兵庫・幼稚園）

歌に合わせた手合わせ遊びで、友達と心が通います。

準備 なし

♪ おてらの　おしょうさんが　かぼちゃの　たねを　まきました　めが　でて　ふくらん　で　はな が さいて ジャン ケン ポン

ふたり組になり、手合わせをしましょう。

1 せっせっせーのよいよいよい
手をつなぎ、3回上下に、3回重ね合わせる。

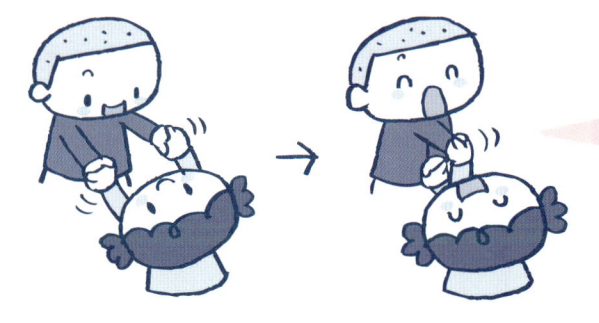

ココがオススメ！
＊いろいろな友達としぜんと手がつなげるようになり、いっしょに遊ぶと楽しい！ と思えるようになりました。ジャンケンの勝ち負けもわかるようになります。

2 ♪おてらの〜まきました
自分の手を1回、相手と右手同士を1回たたく。次は左手…と交互に繰り返す。

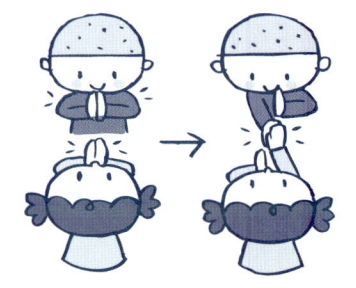

3 ♪めがでて
両手を合わせる。

4 ♪ふくらんで
両手を膨らませる。

5 ♪はながさいてジャンケンポン
両手の指先を開き、相手とジャンケンをする。

年齢別アレンジ　バリエーション

5歳児にアレンジ！
替え歌を作ったり、ジャンケンで勝った、負けた者同士で新しいペアになったりして、いろいろな友達と楽しめます。

80　＊第3章＊わらべうたあそび

対象年齢 5 4 3 2 1 0 歳児

園で人気!
ふれあいあそび&ゲーム

91 だるまさんがころんだ

じゅんこ先生のオススメ
(東京・幼稚園)

定番の「だるまさんがころんだ」を発展！いろいろなジェスチャーで盛り上がります。

準備 なし

年齢別アレンジ

2歳児にアレンジ！

ルールを作らず、保育者の「だるまさんが…ピョンピョン！」などの合図でみんなで表現遊び！

バリエーション

♪ だ る ま さ ん が こ ろ ん だ

歌をうたいながら、定番の「だるまさんがころんだ」をしましょう。鬼は「ころんだ」の部分を「眠った」「ラーメンを食べた」などの動作に変えて言い、子どもは鬼が言ったジェスチャーでストップ！

だるまさんが… → ねむった！

ココがオススメ！
＊同じお題でも子どもによってジェスチャーが違っていたり…。見せ合うのが楽しく盛り上がります！

園で人気!
ふれあいあそび&ゲーム

対象年齢 5 4 3 2 1 0 歳児

92 ひらいたひらいた

ひろみ先生のオススメ
(東京・幼稚園)

輪になってつながり遊び♪ クラスみんなの顔が見えて、気持ちもひとつに。

準備 なし

年齢別アレンジ

バリエーション

プールでもOK

しゃがんで、長座で、ワニ泳ぎで…と歌と動きを楽しみながらすると、水が苦手な子も動きが出やすいですよ。

♪ ひ ら い た ひ ら い た
な ん の は な が ひ ら い た れ ん げ の は な が
ひ ら い た ひ ら い た と お も っ た ら
い つ の ま に か つ ー ー ぼ ん だ

手をつないで輪になり、歌いながら広がったり集まったりします。しゃがんで、おしり歩きで、ハイハイで、動物になってなど、いろいろな歩き方にチェンジしても！

ひーらいた〜 ひーらいた〜♪

ココがオススメ！
＊活動前のウォーミングアップにオススメです！

わらべうたあそび

93 たんぽぽ

園で人気！

0・1・2歳児のあそび

ゆか先生のオススメ（奈良・保育園）

フワフワの綿毛になって飛び回る、見たて遊びです。幅広い年齢で楽しめますよ！

準備 なし

♪ たん ぽぽ たん ぽぽ むこう やまへ とん でけ

ココがオススメ！

*遊びをする前に戸外でタンポポの綿毛を探したり、タンポポに関する絵本を読んだりすると、具体的なイメージを持って遊ぶことができます。

1 輪になって歌う

みんなは綿毛に変身！　手をつなぎ、輪になって一方向に回りながら歌います。保育者は中心に立ちます。

2 綿毛が飛んで行く

保育者が歌の最後に「フウ〜」と息を吹くと、輪になっている子どもたちは綿毛のようにフワフワと散らばって飛んで行きます。「ピアノの所まで〜」など、場所を決めても楽しいですよ。

年齢別アレンジ　**バリエーション**

3・4・5歳児にアレンジ！

鬼は目をつぶって輪の中心に立ちます。ほかの子は輪になって歌い、鬼の「フウ〜」で飛んでいき、「ストップ」で止まります。鬼は手探りで子どもを探して最初に触れた子と鬼交替。

82　*第3章* わらべうたあそび

対象年齢 **5 4 3 2 1 0** 歳児

94 いっぽんばしこちょこちょ

0・1・2歳児のあそび

園で人気!

まさみ先生のオススメ（大阪・保育園）

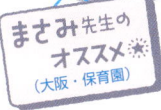

定番のくすぐり遊びで、思いっ切りスキンシップ♪

準備 なし

年齢別アレンジ　バリエーション

1歳児にアレンジ!
保育者の歌に合わせて、友達同士でくすぐり合いっこ♪

（楽譜：いっぽんばし こちょこちょ たたいて つねって かいだんのぼって こちょこちょ）

保育者と子どもが向かい合って座り、手のひらや足の裏に触れながら歌詞に合わせた動作をしましょう。最後の「こちょこちょ」でニッコリ！

①いっぽんばし　②こちょこちょ　③たたいて　④つねって　⑤かいだんのぼって　⑥こちょこちょ

ココがオススメ!
＊何回か遊んでいると「こちょこちょ〜」と言うだけでおなかを押さえるしぐさをすることも。期待感を持って楽しめます。

---

95 どんどんばし

0・1・2歳児のあそび　対象年齢 **5 4 3 2 1 0** 歳児

園で人気!

まや先生のオススメ（大阪・保育園）

足をジャンプジャンプ！友達との交流も生まれます。

準備 なし

年齢別アレンジ　バリエーション

0・1歳児にアレンジ!
保育者は長座になり、子どもを足に乗せて支えながら揺らします。最後は足を開いておしりが「どっすん！」。

（楽譜：どんどんばし わたれ さあ わたれ　こんこがでるぞ さあ わたれ）

クラスの半分は足を開いて座り、みんなで歌をうたいます。もう半分の子が歌に合わせて足の上を跳んでいき、最後の「さあわたれ！」で足を閉じて捕まえましょう。

♪さあわたれ！

ココがオススメ!
＊だれの足を跳ぼうか、選ぶのもおもしろポイント。「もうすぐ挟まれる！」というときにスピードを上げて楽しんでいる子もいます。

わらべうたあそび

83

96 ここはとうちゃんにんどころ

0・1・2歳児のあそび

対象年齢 2・1・0歳児

ひろ先生のオススメ（大阪・保育園）

お顔をちょんちょん♪ ふれあいいっぱいの遊びです。

準備 なし

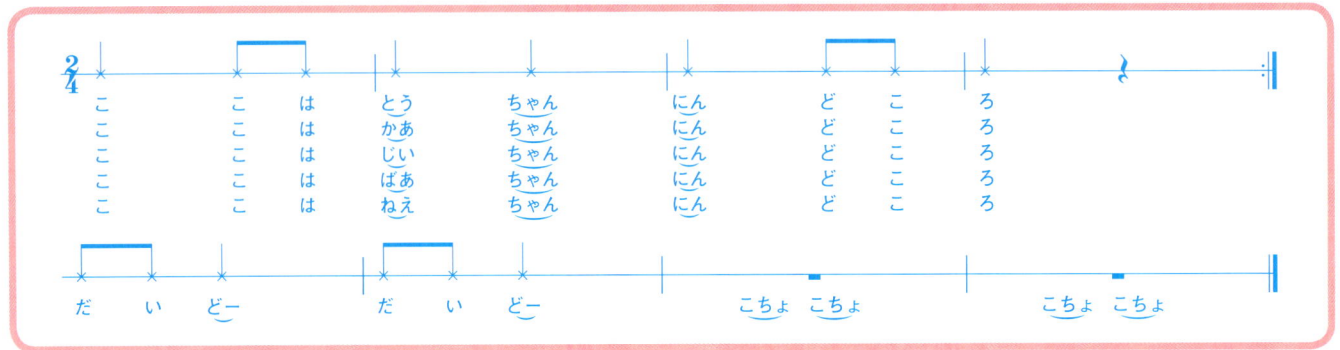

歌詞：
- ここは ここは とうちゃん にんにん どどどど ここここ ろろろろ
- ここは ここは かあちゃん にんにん どどどど ここここ ろろろろ
- ここは ここは じいちゃん にんにん どどどど ここここ ろろろろ
- ここは ここは ばあちゃん にんにん どどどど ここここ ろろろろ
- ここは ここは ねえちゃん にんにん どどどど ここここ ろろろろ

だいどー だいどー こちょこちょ こちょこちょ

歌に合わせて、子どもの顔に優しく触れながら遊びましょう。

1 ここはとうちゃんにんどころ
右のほおを指で触る。

2 ここはかあちゃんにんどころ
左のほおを触る。

3 ここはじいちゃんにんどころ
おでこを触る。

4 ここはばあちゃんにんどころ
あごを触る。

5 ここはねえちゃんにんどころ
鼻を触る。

6 だいどーだいどー
顔全体を手のひらでなでる。

7 こちょこちょ こちょこちょ
体をくすぐる。

年齢別アレンジ／バリエーション

待て待て遊び
2歳児なら、保育者をまねて自分の体を触っていき、「こちょこちょ」の合図で逃げましょう。保育者は待て待て〜！

ココがオススメ！
＊ねんねの時期の赤ちゃんから、幅広く遊べますよ。

97 えんやらももき

園で人気！ 0・1・2歳児のあそび

対象年齢 5 4 3 2 1 0 歳児

ようこ先生のオススメ（東京・こども園）

ドキドキ感を楽しみながら、バランスを取る運動にも！

準備：マット

年齢別アレンジ バリエーション

体勢いろいろ

立ったまま抱えて左右に揺らしたり、だっこのまま揺らしたりといろいろな体勢で遊んでみましょう。

保育者はあおむけに寝てひざを曲げ、足の上に子どもを乗せて上下に揺らします。「♪だれにあげよか」を「○○ちゃんに」など名前を呼んであげてもいいですね。

※転倒に注意し、周りにマットを敷くなど配慮をしましょう。

歌詞：
えんやら もものき
ももが なったら だれにやろ
おかあさんに あげよか
おきくさんに あげよか
だれに あげよか

ココがオススメ！

＊保育者の足にぎゅっとつかまり、揺れることに慣れてくるととても喜びますよ。

---

98 こりゃ どこの地蔵さん

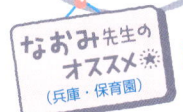

園で人気！ 0・1・2歳児のあそび

対象年齢 5 4 3 2 1 0 歳児

なおみ先生のオススメ（兵庫・保育園）

友達とのペアでふれあい遊び♪ 向かい合ってニッコリ！

準備：なし

年齢別アレンジ バリエーション

0・1歳児にアレンジ！

バスタオルに子どもを乗せて大人ふたりで端を持ち、わらべうたに合わせて優しくゆらゆら〜♪

歌詞：
こりゃ どこのじぞうさん？ うみの
はたのじぞうさん うみにつけて ドボドボドボ

ふたり組になり、手をつないで歌いながら体を左右に動かします。「ドボドボドボ」で手をつないだまま徐々にしゃがみましょう。布に人形を乗せてハンモックのようにふたりで持ち、揺らして遊んでもおもしろいです。

ココがオススメ！

＊相手を替えて、いろいろな友達と何度でも楽しめます。

わらべうたあそび

99 ぶーぶーぶー

0・1・2歳児のあそび

対象年齢 5 4 3 2 1 0 歳児

すぎこ先生のオススメ（兵庫・保育園）

動物の当てっこ遊びにも発展！

準備 なし

年齢別アレンジ｜バリエーション

3歳児にアレンジ！

動物をイヌやウシなど増やしていきます。
子どもに出題してもらい、当てっこをしても。

楽譜：
1. ぶー ぶー ぶー
2. めー めー めー
3. ちゅん ちゅん ちゅん

たしかに きこえる
たしかに きこえる
たしかに きこえる

ぶたの こえ
やぎの こえ
とりの こえ

1 歌をうたって動物のまねっこ

♪ぶーぶーぶー
ブタの鼻に見立てて両手で輪を作り、3回前に出す。

♪たしかに きこえる ぶたのこえ
手拍子しながら歌う。

☆めーめーめー：あごの下でひげを3回なでる。
☆ちゅんちゅんちゅん：鳥のように3回はばたく。

2 クイズ形式に

鳴き声部分を保育者が歌い、「たしかにきこえる〇〇のこえ」で子どもたちが何の動物かを答えましょう。

ココがオススメ！
＊「たしかに～こえ」を保育者がわざと間違って歌うと子どももつられてしまったりと、楽しんで遊べます。

---

100 おてぶしてぶし

0・1・2歳児のあそび

対象年齢 5 4 3 2 1 0 歳児

はつえ先生のオススメ（兵庫・保育園）

ふれあい遊びから、当てっこ遊びにもつながります。

準備 お手玉、玩具 など

楽譜：
おてぶし てぶし てぶしの
なかに へびの なまやけ
かえるの さしみ いっちょばこ
やるから まるめて おくれ いや

保育者は手のひらに物を包んで、歌に合わせて動かします。最後の「いや」で子どもに物を見せてあげましょう。興味を引いたら、子どももまねをして行ない、楽しさを共感してあげるといいですね。

年齢別アレンジ｜バリエーション

3・4歳児にアレンジ！

保育者は、物をひとつだけ手のひらに包みます。歌の終わりでどちらかの手に隠し、「どっちだ？」で子どもに答えてもらいましょう。

おてぶしてぶし～
いや♪
あったね～！

ココがオススメ！
＊保育者のまねっこと、歌の雰囲気を楽しんでいます。

アラカルト

プラス 38

園の先生の㊙遊び、もっともっと教えます♪
コンテンツに分けて、盛りだくさんにお届けします。

P.88
なりきりあそび大好き！
ごっこあそび

P.91
子どもを集中させたいときに！
瞬間ゲーム

P.94
乳児の発達を促す！
0・1・2歳児 手作りおもちゃ

ごっこあそび

なりきりあそび大好き！

3・4・5歳向けの「ごっこあそび」を大募集！
各園独特のなりきりあそびが出そろいました。

ひもくじ屋ごっこ 〔5歳児〕

ひもくじを作ります。ひもの先に付ける景品は、折り紙など子どもと作りましょう。引いた物をもらって大満足！

あかね先生／神奈川・幼稚園

洗濯ごっこ 〔3歳児〕

タライの中に洗濯物（ままごと用のタオルやハンカチ、洋服　など）を入れ、洗濯機をイメージして手でぐるぐる〜。ロープを渡し、洗濯物をハンガーや洗濯バサミで干していきます。夏は本当にタライに水を入れてすると気持ち良いですね。

まさみ先生／東京・保育園

テレビごっこ 〔5・4・3歳児〕

大きめの段ボールでテレビの枠を作り、机などに立てます。枠の向こう側から、天気予報のお姉さんや、ニュースキャスターなどになりきって遊びましょう。

たまえ先生／神奈川・幼稚園

プールごっこ 〔3歳児〕

天候が悪くてプールに入れないときにオススメです。ビニールシートを敷き、その上にイスを円形に並べます。ビリビリに破った新聞紙を入れ、プールに見たててドボン！　泳ぐまねをしたり、水のように掛け合ったりして遊びましょう。外に出られず、内にたまったエネルギーを解放するため、新聞紙を破る活動も子どもたちと行なうといいですね。最後は新聞紙をポリ袋に入れ、巨大てるてる坊主を作っても！

えりこ先生／東京・幼稚園

忍者ごっこ

5・4・3歳児

忍者の修行場（サーキット）を作ります。巧技台や平均台をつなげ、通れる道を限定するとより忍者になりきって楽しめます。

たかひろ先生／大阪・保育園

消防士ごっこ

4・3歳児

色画用紙などで炎を作り、出火場所を決めて「火事だ〜！」。そこを目がけてホースを伸ばし、消火に向かいます。新聞紙を筒にしてテープでつなぐなどして、長〜いホースを作りましょう。

まや先生／大阪・保育園

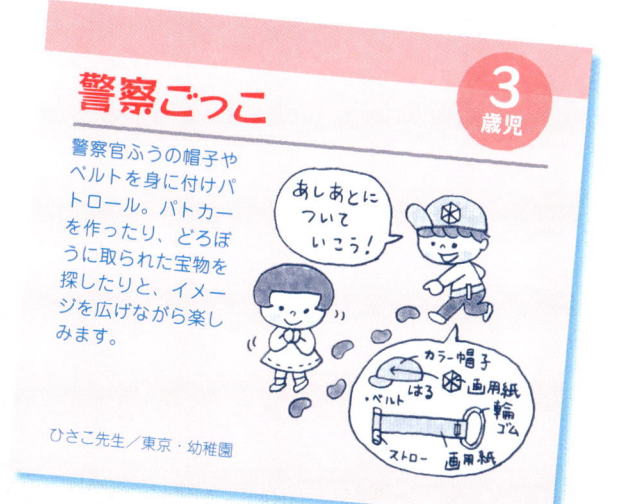

警察ごっこ

3歳児

警察官ふうの帽子やベルトを身に付けパトロール。パトカーを作ったり、どろぼうに取られた宝物を探したりと、イメージを広げながら楽しみます。

ひさこ先生／東京・幼稚園

保育園ごっこ

4歳児

子どもが保育者役になって、人形（子ども）のお世話をします。オムツ替え、昼ごはんなど「1日の流れ」をはっておくと、遊びにめりはりがつきますよ。

じゅんこ先生／東京・幼稚園

室内あそび　戸外あそび　わらべうたあそび　アラカルト＋38

ドライブごっこ 3歳児

新聞紙を棒状に丸め、輪を作ります。それをハンドルに見たててドライブごっこ♪ 信号機や標識などを作って立てておくと本格的に楽しめます。

たえこ先生／東京・こども園

ショーごっこ 5・4・3歳児

大型積み木などを舞台にし、みんなの前に設置。好きな踊り、楽器演奏などを披露しましょう。年上、年下のクラスを招くなどすると刺激にもなり、さらに自信も高まります。

たかこ先生／神奈川・幼稚園

郵便屋さんごっこ 5歳児

手作りポストを設置。自由に手紙やハガキを入れましょう。郵便屋さん役の子が取り出し、スタンプ（消印）を押して相手に届けます。

※やりとりに慣れてきたら、ポストを常時設置しておきます。郵便屋さんをお当番にして、1日1回取り出して届けるのもおもしろいですよ。

まさみ先生／東京・保育園

家ごっこ 4歳児

段ボールで作った板で、ついたてのように保育室をしきります。クラフトテープでつなぐとさまざまな方向に動くので、ドアや屋根を作るなど遊びが広がりますよ。折り畳めるのでかたづけもラクラク！

ゆきこ先生／兵庫・幼稚園

子どもを集中させたいときに！
瞬間ゲーム

お話の前や、みんなが集まるまでのちょっとした空き時間にピッタリ！
子どもの視線と心を引き付ける、一瞬でできちゃうゲームです。

逆さ言葉　5歳児

適当な節をつけて歌いながら出題しましょう。
保育者「考えよう、考えよう、逆さ言葉を考えよう〜！」
(例)保育者「ゴンリ」
　　子ども「リンゴ！」

しのぶ先生／大阪・保育園

STOP!!　5・4・3歳児

絵本を読む前に…。保育者は絵本をぐるぐる回し、まっすぐになるタイミングで子どもたちが「STOP!!」。まっすぐになるまで絵本は読めない！

ゆきこ先生／神奈川・幼稚園

クイズ星人　5・4・3歳児

保育者が自分の口をたたきながら、または口を引っ張りながら、食べ物や動物の名前を言います。子どもたちに宇宙人のような声を聞き分けてもらいましょう！

めぐみ先生／東京・幼稚園

ナンバーコール　5歳児

子どもたちで「1」〜「20」までひとりひとつずつ数字を言っていきます。だれが言ってもOK！　同時に同じ数字を言ってしまったら、1からやり直し。

まや先生／大阪・保育園

切り絵当て　5・4・3歳児

半分に折った紙をある形に切りながら、「さあ、何の形でしょうか!?」。切れたら開いて正解を見せましょう。

よしか先生／奈良・保育園

アラカルト+38

間違い探し 〔5・4・3歳児〕

みんなに見えないところで、ひとりの子どもの衣服や上靴、名札などに変化をつけます。何が変わったでしょう!? みんなで間違い探しをしましょう。

2つ違います!

じゅんこ先生／大阪・幼稚園

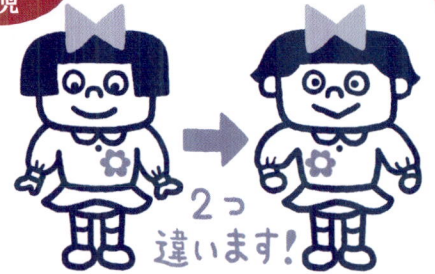

ハンカチパチパチ 〔5・4・3歳児〕

保育者がハンカチを投げ、キャッチするまでの間に子どもたちは拍手！ 投げるふりをして投げない、などフェイントを入れるとより引き付けられますよ。

ひさこ先生／東京・幼稚園

あべこべ遊び 〔5・4歳児〕

保育者と子どもとであべこべ言葉の掛け合いを楽しみます。動作もつけてできるかな？
（例）「手は前に」→「手は後ろに」、「手はグーに」→「手はパーに」など

手はグーに！
てはパーに！

りつこ先生／兵庫・保育園

グーパー上げ 〔5・4・3歳児〕

右手はグー、左手はパーと決めておきます。赤白旗上げゲームの要領で、「グー上げて」「パー上げて」とすばやく反応しましょう。

まちがった〜
パー下げないで

ようこ先生／東京・こども園

まねっこ拍手 〔5・4歳児〕

保育者は唱え歌をうたってから、あるリズムで手をたたきます。子どもはまねてパンパンパン！
♪まねっこ まねっこ 手をたたこう

まねっこ♪
手をたたこう
パンパンパン！
パンパンパン！

ひろみ先生／東京・幼稚園

ジェスチャーゲーム 〔5歳児〕

保育者はある動きをして「何をしているところでしょ〜うか？」。
子どもはそのようすを観察し、答えましょう。

こころ先生／大阪・保育園

歌当てクイズ 〔5・4・3歳児〕

ピアノで曲のイントロ部分を弾き、子どもは曲名を答えます。何問か出題したら、最後はその曲をみんなで歌うとしぜんと気持ちもひとつになりますよ。

まなみ先生／神奈川・幼稚園

トントンパッ 〔5・4・3歳児〕

保育者は「トントンパッ」のリズムで手をたたきます。パッのときに体の一部分に手を置き、子どもはまねをしてリズムよく繰り返しましょう。

はつえ先生／兵庫・保育園

口パクゲーム 〔5歳児〕

保育者は声を出さずに口をパクパク動かし、子どもは何を言ったか当てましょう。伝言ゲームのようにしてもおもしろい！

きくこ先生／和歌山・こども園

これ何本？ 〔5・4・3歳児〕

保育者は一瞬だけ指を見せます。「さあ、何本立っていたでしょうか！？」すばやく出したり、ゆっくり出したり、両手にしたりと、レベルを変えていくとより集中しますよ。

たかこ先生／神奈川・幼稚園

何回たたいたかな？ 〔5・4・3歳児〕

保育者はリズムをつけて手拍子をします。「何回たたいたか、わかるかな？」
（例）タン タン タタタタ タン →7回

たえこ先生／東京・こども園

乳児の発達を促す！
0・1・2歳児 手作りおもちゃ

0・1・2歳児の保育室にあるときっとお役だち！ 指先を使うおもちゃやごっこあそびにも使えるおもちゃなど、園で実際に楽しんでいるものばかり集めました。

パクパクもぐもぐ 〔0・1・2歳児〕

ペットボトルの飲み口や動物の口の部分に、短く切ったホースやままごとの食べ物など、ひとつひとつつまんで入れていきましょう。

- ホースを短く切る
- ペットボトル
- 画用紙で動物の顔をはる
- 穴をあける（切り口はテープ類で補強）
- 「パックン ごはん♪」

まい先生／奈良・保育園

ボタンつなぎ 〔2歳児〕

ボタンとボタンホールの付いた布の棒を、たくさん用意します。長～くつなげるなど集中して遊べますよ。輪にして電車ごっこをしても！

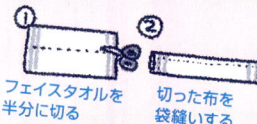

① フェイスタオルを半分に切る
② 切った布を袋縫いする
③ 一方にボタン、一方にボタンホールを付ける
- 長くつなげる
- 輪につなげて電車ごっこ
- ぐるぐる丸めてボール

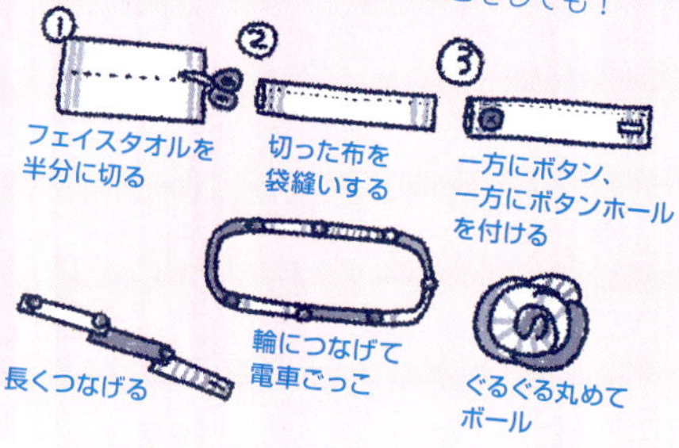

ようこ先生／東京・こども園

布積み木 〔1・2歳児〕

段ボールと布で作った積み木を、並べたり見たてたりして遊びます。布はカラフルにすると意欲がより増しますね。

- 20cm正方形に切った段ボール5枚を接着剤でくっ付ける
- おぼん
- 丸い布積み木でハンドル
- 布でくるんで縫い付ける

あつみ先生／大阪・保育園

ひやひや～ 〔0歳児〕

夏場には、凍らせたペットボトルで遊びましょう。透明感のある色を見たりして楽しめ、涼も取れる優れもの。少し氷を溶かしておくと、氷がコロコロ揺れておもしろい！

- ペットボトルに水を入れ、少しの食紅を入れて色を付け、冷凍庫で凍らせる
- フタは開かないようにビニールテープで留める
- つめたー
- コロコロ

しのぶ先生／大阪・保育園

ヒュ～ストン！ 〔0・1歳児〕

透明の筒（ホースなど）に、チェーンをつまみ落として遊びます。筒を斜めにしたり長くしたり、バリエーションを付けると探究心もわきますね。

- チェーン
- 台所収納用ネット
- 透明のホース
- 結束バンド

はるな先生／兵庫・保育園

お出かけカバン　1・2歳児

空き箱をデコレーションすると、お出かけカバンに大変身！ お買い物ごっこなど、いろいろな遊びに役だち、気分も盛り上がります。

- 洗剤の空き容器の再利用　※よく洗っておく
- 持ち手はフェルトを接着剤と布テープで固定する
- フタ部分を取り外し、周りに色画用紙などをはり付ける

なおみ先生／兵庫・保育園

紙管にポトン　0・1歳児

並んだトイレットペーパーの芯に、レシートの芯や乳酸菌飲料の容器などを入れていきます。指でつまんで出し入れし、指先の運動を楽しみましょう。

- 紙管を接着剤ではる

みか先生／大阪・保育園

ひっぱりボックス　0・1歳児

穴からひもやリボンを引っ張り出して遊びましょう。長くつなげておいたり、ハンカチなどちょっと太めの物を入れておいたりすると、遊びが広がりますね。

- ひも、布をつなぎ合わせる
- ミルク缶などに穴をあける

みねこ先生／兵庫・保育園

洗濯バサミで変身〜！　1歳児

動物の形の段ボールに、洗濯バサミを挟んだり、引っ張り取ったり…。力を入れてつまむので、指先のよい運動になりますよ。色も豊富にすると遊びが広がります。

- カラフルな洗濯バサミを自由に挟む
- 段ボールに目や顔をはったもの

まさみ先生／東京・保育園

フェルトのミルフィーユ　0歳児

丸いフェルトをマジックテープでつなげておきます。指でつまみ、1枚ずつはがして遊びましょう。ピリピリという音も楽しいポイント。付けることもできるようになってきますよ。

- フェルト
- マジックテープ
- 円に切ったフェルトの表裏にマジックテープを縫い付ける

じゅんこ先生／大阪・保育園

アラカルト＋38

協力

『月刊・保育とカリキュラム』編集委員

0歳児研究グループ	4歳児研究グループ
1歳児研究グループ	5歳児研究グループ
2歳児研究グループ	異年齢児研究グループ
3歳児研究グループ	保育教材研究会

ご指導いただいた皆様（五十音順）

幼稚園
- たかとり幼稚園（神奈川）
- 立花愛の園幼稚園（兵庫）
- たちばな幼稚園（大阪）
- 東京学芸大学附属幼稚園小金井園舎（東京）
- 東京家政大学附属みどりヶ丘幼稚園（東京）
- 姫路日ノ本短期大学付属幼稚園（兵庫）
- 兵庫教育大学附属幼稚園（兵庫）
- 東京都公立幼稚園　5か園

保育園（所）
- 青谷愛児園（兵庫）
- 片岡の里保育園（奈良）
- 華表保育園（奈良）
- 極楽坊保育園（奈良）
- 白鳩保育園（大阪）
- 上京保育所（京都）
- たちばな保育園（大阪）
- 玉櫛たちばな保育園（大阪）
- たんぽぽ中条保育園（大阪）
- 津田このみ保育園（兵庫）
- 東三国丘保育園（大阪）
- ひまわり保育園（奈良）
- 姫路市保育内容研究会（兵庫）
- 深井保育園（大阪）
- フタバ学園（大阪）
- 南丘保育園（大阪）
- 矢倉保育園（兵庫）
- 夢の森保育園（兵庫）
- 東京都公立保育園　3か園

こども園
- おだ認定こども園（東京）
- ムーミン谷こども園（和歌山）
- 東京都公立こども園　2か園

他
- 寺村圭子（保育アドバイザー）
- 古川憲次（保育教材研究会）
- 山本淳子（大阪キリスト教短期大学）

※本書は、幼稚園、保育園（所）、こども園他の先生方からのアンケートをまとめたものです。編集部にて、加筆・アレンジを加えている箇所もあります。
※本書は、月刊『保育とカリキュラム』2011年7月号別冊附録として発行したものを単行本化したものです。
※園名・所属は執筆当時のものです。

STAFF
- ●本文デザイン／（株）どりむ社
- ●本文イラスト／常永美弥・みやれいこ・あらきあいこ・やまざきかおり・菊地清美・町田里美・池田かえる・円山恵・石川元子・仲田まりこ（掲載順）
- ●楽譜浄書／（株）クラフトーン
- ●編集協力／（株）どりむ社
- ●企画・編集／安藤憲志・小川千明・藤濤芳恵・濱田時子・橋本啓子・井家上萌
- ●校正／堀田浩之

本書のコピー、スキャン、デジタル化等の無断複製は著作権法上での例外を除き禁じられています。本書を代行業者等の第三者に依頼してスキャンやデジタル化することは、たとえ個人や家庭内の利用であっても著作権法上認められておりません。

保カリBOOKS⑱
0～5歳児　園で人気のあそび100

2012年6月　初版発行
2017年7月　13版発行

編　者　ひかりのくに編集部
発行人　岡本 功
発行所　ひかりのくに株式会社
　〒543-0001　大阪市天王寺区上本町3-2-14
　TEL06-6768-1155　郵便振替00920-2-118855
　〒175-0082　東京都板橋区高島平6-1-1
　TEL03-3979-3112　郵便振替00150-0-30666
　ホームページアドレス　http://www.hikarinokuni.co.jp
印刷所　大日本印刷株式会社

©2012　乱丁、落丁はお取り替えいたします。

Printed in Japan
ISBN978-4-564-60808-7
NDC376　96P　26×21cm